女性の就業、結婚、出産に関する行動、価値観の国際比較
―日本、韓国、台湾のパネルデータを用いた実証分析―

萩原 里紗

JN196660

三菱経済研究所

はしがき

　日本，韓国，台湾．これらの国々は東アジアに属しており，文化的背景も
近い国々である．いま，これらの国々では，女性の労働参加率が上昇する中，
未婚化・晩婚化，少子化が深刻な問題として取り沙汰されている．少子化問
題は，将来の経済成長に深刻な影響を及ぼすことから，各国では，それぞれ
仕事と家庭の両立が図れるように法制度の整備を進めている．しかし，合計
特殊出生率[1]は人口を維持する水準まで上昇する兆しをみせていない．

　本書の目的は，日本，韓国，台湾の女性の就業，結婚，出産に関する行動
や価値観にどのような違いがみられるかを，主に2000年以降のパネルデー
タを用いて明らかにすることである．日本，韓国，台湾は同じ東アジア諸国
に該当するものの，それぞれ置かれている現状は大きく異なる．各国で共通
の目的となっている少子化問題の解消，仕事と家庭の両立を達成するために
は，国際比較を行い，各国の特徴を明らかにした上で，政策を講じる必要が
あると考える．その際，エビデンスに基づく政策が結果を左右することから，
本書では同一の調査対象者を長年に亘って追跡調査したパネルデータを用い
て実証分析を行い，どのような政策が有効かを検討した．

　本研究の実施にあたり，慶應義塾大学パネルデータ設計・解析センターの
「日本家計パネル調査（Japan Household Panel Survey/Keio Household Panel Sur-
vey: JHPS/KHPS）」，韓国労働研究院（Korea Labor Institute）の「韓国労働パネ
ル調査（Korean Labor and Income Panel Study: KLIPS）」，台湾中央研究院（Aca-
demia Sinica）の人文社会科学研究センター（Research Center for Humanities
and Social Sciences）の「家族のダイナミクスに関するパネル調査（Panel Study
of Family Dynamics: PSFD）」の個票データの提供を受けた．ここに記して，

---

[1] 合計特殊出生率とは，15歳から49歳までの女性が産む子どもの平均人数のことで
ある．

深く感謝の意を表したい．なお，本研究にある全ての誤りは，筆者らの責に帰するものである．

本書は，筆者が公益財団法人三菱経済研究所の兼務研究員として行った研究の成果をまとめたものである．本書の執筆にあたり，多くの方々にお世話になった．まず，本書を執筆する機会を与えてくださった慶應義塾大学商学部の樋口美雄先生に深く感謝したい．続いて，本書の執筆にあたり有益なコメントをくださった明治大学商学部の千田亮吉先生，明海大学経済学部の寺村絵里子先生には心よりお礼申し上げる．

公益財団法人三菱経済研究所の常務理事の滝村竜介氏には，遅筆な筆者の原稿執筆を辛抱強く待ってくださるとともに，研究の計画や内容，原稿に有益なコメントを頂戴した．素晴らしい研究環境をいただいた同氏そして公益財団法人三菱経済研究所の皆様に厚く御礼を申し上げたい．

最後に，私事になるが，本書の執筆に当たって影ながら支えてくれた，パートナーである松本浩朗に感謝したい．本書の執筆期間は，ちょうど私たちの結婚式および新婚旅行と重なっていたものの，彼のサポートにより，仕事とプライベートを充実させることができた．

本書で取り上げる日本，韓国，台湾は，同じ東アジア圏に属しているものの，ワーク・ライフ・バランスの程度に違いがある．これは背景にある，文化，習慣，考え方，法制度，家族のサポートなどの状況が異なるためである．このうち，家族のサポートに関しては，各世帯によって異なることから，世帯レベルでの個票データを利用した分析が必要である．また，文化，習慣，考え方といった観察が難しい要因についても考慮しなければ，ワーク・ライフ・バランスに影響を与える真の要因の識別は困難である．本書では，3 カ国のパネルデータと計量経済学的手法を用いて，可能な限り相関関係ではなく，因果関係を特定化できるように分析を行った．本書が，就業，結婚，出産について考えるきっかけになれば幸いである．

2017 年 10 月

萩原　里紗

目次 ───────────────────────────────────

第1章　日本，韓国，台湾の女性の労働参加と
**　　　　出生率との関係および法制度**　　　　　　　　　　　　1
　1.1　女性の仕事と家庭の両立状況　　　　　　　　　　　　　1
　1.2　日本，韓国，台湾の女性労働に関連する法制度　　　　11
　　1.2.1　日本の女性労働，出産・子育てに関連する法制度　　11
　　1.2.2　韓国の女性労働，出産・子育てに関連する法制度　　16
　　1.2.3　台湾の女性労働，出産・子育てに関連する法制度　　18
　1.3　結論　　　　　　　　　　　　　　　　　　　　　　　20

第2章　女性の結婚・出産後の就業状況　　　　　　　　　　21
　2.1　問題意識　　　　　　　　　　　　　　　　　　　　　21
　2.2　先行研究　　　　　　　　　　　　　　　　　　　　　21
　2.3　データ　　　　　　　　　　　　　　　　　　　　　　24
　　2.3.1　「日本家計パネル調査（Japan Household Panel Survey/
　　　　　Keio Household Panel Survey: JHPS/KHPS）」　　　25
　　2.3.2　「韓国労働パネル調査（Korean Labor and Income Panel Study:
　　　　　KLIPS）」　　　　　　　　　　　　　　　　　　26
　　2.3.3　「家族のダイナミクスに関するパネル調査（Panel Study of
　　　　　Family Dynamics: PSFD）」　　　　　　　　　　26
　2.4　分析方法　　　　　　　　　　　　　　　　　　　　　27
　2.5　分析結果　　　　　　　　　　　　　　　　　　　　　31
　　2.5.1　結婚後の女性の就業状況　　　　　　　　　　　　31
　　2.5.2　出産後の女性の就業状況　　　　　　　　　　　　35
　2.6　結論　　　　　　　　　　　　　　　　　　　　　　　40

第3章　夫婦の学歴と妻の就業状況　　　　　　　　　　　　41
　3.1　問題意識　　　　　　　　　　　　　　　　　　　　　41

3.2	夫婦の学歴と女性の就業状況の概観	41
3.3	先行研究	47
3.4	データ・分析方法	48
3.5	分析結果	50
3.6	結論	56

第4章　女性の就業，結婚，出産と生活満足度 　　　　　　　57

4.1	問題意識	57
4.2	先行研究	57
4.3	データ・分析方法	59
4.4	分析結果	62
	4.4.1　結婚後の生活満足度	62
	4.4.2　出産後の生活満足度	67
4.5	結論	72

第5章　まとめと今後の課題 　　　　　　　　　　　　　　　75

参考文献 　　　　　　　　　　　　　　　　　　　　　　　78

第1章

日本，韓国，台湾の女性の労働参加と出生率との関係および法制度

1.1 女性の仕事と家庭の両立状況

　日本，韓国，台湾は，世界的にみて少子化が深刻な国として知られている．その一方，これらの国々では，女性の社会進出は年々活発になっている．これは，女性の高学歴化に伴い，女性の人的資本が蓄積され，これまでのように家事・育児に専念するよりも，労働市場で働くことにより稼得所得を得る方がよくなってきたことが一つに挙げられる．

　まず，女性の就業，結婚，出産の状況について，集計データを用いて，日本，韓国，台湾，そして OECD（Organisation for Economic Cooperation and Development: 経済協力開発機構．以下，OECD と表記）諸国を比較する．

　図表1.1では，粗婚姻率[2]の推移を日本，韓国，台湾，そして OECD 諸国で比較している．これをみると，日本の粗婚姻率は，1980年代から1990年代にかけては上がったり下がったりを繰り返しており，2000年以降から緩やかに下降していることがわかる．一方，韓国と台湾は1980年前半においては1位，2位を争う高い粗婚姻率であった．しかし，その後急速に粗婚姻率は低下しており，2000年以降の粗婚姻率が1980年代の何％に当たるかを計算すると，韓国では約70％，台湾では約83％，日本では約92％にまで低下している．日本は，韓国や台湾と比較すると，その低下幅は小さいものの，未婚化が進んでいる．

　図表1.2では，合計特殊出生率の推移を日本，韓国，台湾，そして OECD 諸国で比較している．これをみると，日本の合計特殊出生率は，1980年代

---

[2] 人口1000人当たりの婚姻件数．

図表 1.1　粗婚姻率の推移の国際比較

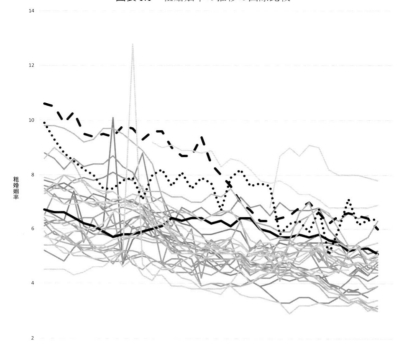

（出典）以下に挙げるデータを用いて筆者作成
OECD 諸国：OECD database, 台湾：National Statistics, Republic of China（Taiwan）

第1章 日本，韓国，台湾の女性の労働参加と出生率との関係および法制度

図表1.2 合計特殊出生率の推移の国際比較

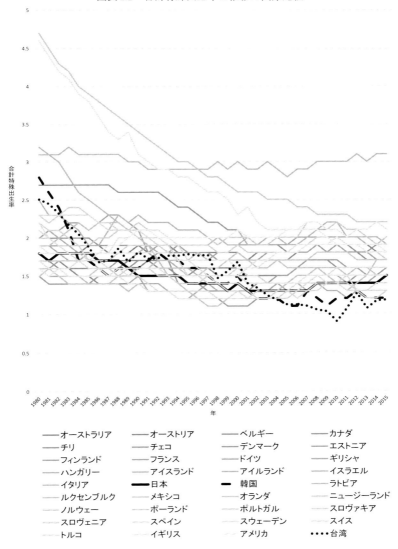

(出典)以下に挙げるデータを用いて筆者作成
OECD諸国：OECD database，台湾：National Statistics, Republic of China (Taiwan)

3

から一貫して低い水準で推移していることがわかる．一方，韓国と台湾は
1980年前半において高い合計特殊出生率を維持していた．しかし，その後
急速に低下し，2000年代前半には，1980年からすでに低かった日本とほぼ
同じ水準にまで低下している．その後も，韓国と台湾[3]の合計特殊出生率は
低下を続け，今では日本よりも低くなってしまっている．

---

[3] 台湾では，少子化が急速に進んだため，少子化対策が本格的に実施されてからそれ
ほど時間が経過していない．そのため，実証分析の蓄積がまだ少ない状況にある．
台湾の少子化の原因としてよく挙げられるものに，経済発展による女性の出産の機
会費用の上昇，女性の高学歴化，女性をめぐる様々な労働市場の環境の変化，育児
コストがある．Narayan（2006）は，1966年から2001年までのデータを用いて，台
湾の出生率に関する実証分析を行い，女性の教育と労働参加率が台湾の長期的な出
生率の低下の主な決定要因であることを明らかにしている．上村（2006）は，台湾
の女性の労働参加率の上昇が主に若年層の女性の労働参加率の上昇であることを挙
げている．Chen and Liu（2007）は，出生率と女性の労働参加率に負の相関があるこ
とを示している．また，女性の労働参加率を引き上げた要因は，教育と産業構造の
変化であることを明らかにし，出生率の低下に影響を与える要因は，出産年齢の上
昇と結婚数の減少であることを指摘している．
　台湾の出生率について，可部（2013）は，県・大都市の地域単位の1990年から
2010年の年次データを用いて，子育て支援環境の整備と出生率との関係を分析して
いる．分析からは，公立の保育施設の比率が高くなるほど出生率が高まるという結
果を得ており，安価に子育てサービスを得られる公立施設の整備を進めることの重
要性を述べている．Chuang et al.（2010）は，24,200組の母親と新生児を対象に，
2006年から2007年に母親の出産後の職場復帰と授乳に関する訪問・インタビュー
調査を行っている．この結果，台湾では一般的に行われている授乳を働く女性が
行っていくためには，育児休業が必要であること，出産後半年は職場復帰をすると
授乳開始やその継続に支障をきたすことが明らかにされている．Keng and Sheu
（2011）は，台湾で公務員子女教育手当制度が改正され，1996年からインフレ調整
をしなくなったことの出生率への影響を分析し，公務員家庭の出生率が上昇したこ
とを明らかにしている．Huang（2002）は，1990年から1996年に実施された税額控
除と出生人数の関係性を分析し，税額控除が増加すると出生数が増加することを明
らかにしている．可部（2015）は，台湾では，日本よりも合計特殊出生率の低下が
遅くに始まったにもかかわらず，20年ほどで日本よりも低い水準に達してしまった
ことを指摘している．台湾で少子化対策が本格的に取り組まれ始めたのは2008年
以降であり，出産手当，5歳児を対象とした一時金支給，育児休業制度の有給化，
保育ママ費用の助成などが導入された．これらの利用率は上昇しているが，その反
面，育児支援制度導入は全事業所の4割にとどまっているなどの問題がある．また，
保育サービスの利用に関しても，費用の高さから利用が伸び悩んでいる．

粗婚姻率や合計特殊出生率の低下とは反対に，女性の労働参加率は上昇を続けている．図表1.3では15〜64歳女性の労働参加率の推移を比較している．これをみると，日本，韓国，台湾の女性の労働参加率は，その他の国々と比べて，低い水準で推移していることがわかる．また，日本の女性の労働参加率は韓国，台湾と比べて一貫して高い水準を維持している．韓国と台湾の女性の労働参加率を比べると，2010年までは韓国の方が水準は高かったものの，それ以降はほとんど同じ水準で推移するようになってきている．

以上でみてきた粗婚姻率，合計特殊出生率，15〜64歳女性の労働参加率を用いて，相関をみたのが図表1.4と図表1.5である．

図表1.4では，縦軸に粗婚姻率，横軸に15〜64歳女性の労働参加率をとって散布図にした結果について，1980年代（上）と2010年代（下）に示している．これをみると，1980年代は弱い負の相関がみられたものの，2010年代になると負の相関が強まっていることが確認できる．

日本，韓国，台湾についてみると，これらの国々は近似線よりも上に位置していることがわかる（ただし，1980年代の日本は除く）．日本，韓国，台湾は左上に位置しており，その他の国々と比較すると，粗婚姻率は高いが女性の労働参加率は低いという傾向が確認できる．

続いて，図表1.5では，縦軸に合計特殊出生率，横軸に15〜64歳女性の労働参加率をとって散布図にした結果について，1980年代（上）と2010年代（下）に示している．これをみると，1980年代は負の相関であったものの，2010年代は正の相関に変わってきていることが確認できる．このような変化が生じた理由として，政府による仕事と子育ての両立支援や子育て支援が指摘されている（Engelhardt et al. 2004）．しかし，各国の観察されない異質性の影響を考慮して分析を行うと，まだ負の相関が残っていることも指摘されている（Kögel 2004）．

日本，韓国，台湾についてみると，これらの国々は近似線よりも下に位置していることがわかる．これは，日本，韓国，台湾の合計特殊出生率が15〜64歳女性の労働参加率をもとに想定される水準よりも低いことを意味している．

男女における労働参加率の推移を年齢ごとに比較すると，女性の就業と家

図表1.3 15～64歳女性の労働参加率の推移の国際比較

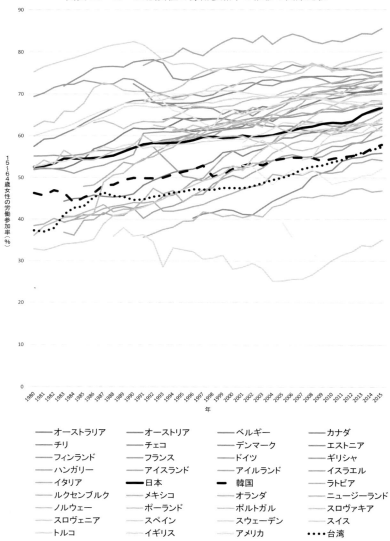

(出典) 以下に挙げるデータを用いて筆者作成
OECD諸国：OECD database, 台湾：National Statistics, Republic of China (Taiwan)

第1章　日本，韓国，台湾の女性の労働参加と出生率との関係および法制度

図表1.4　15～64歳女性の労働参加率と粗婚姻率

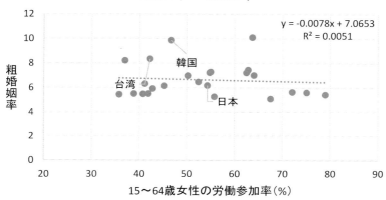

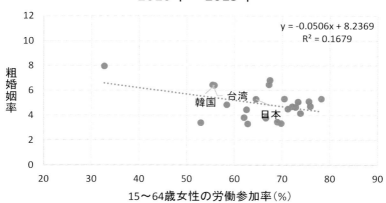

（出典）以下に挙げるデータを用いて筆者作成
OECD諸国：OECD database，台湾：National Statistics, Republic of China（Taiwan）

図表1.5　15〜64歳女性の労働参加率と合計特殊出生率

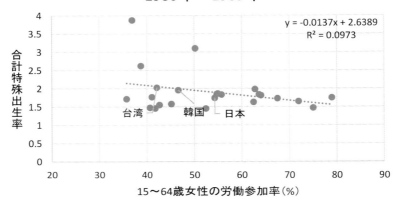

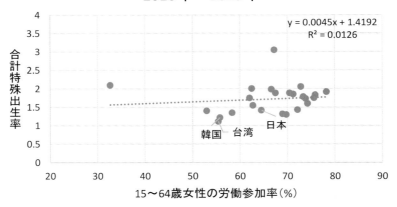

(出典) 以下に挙げるデータを用いて筆者作成
OECD諸国：OECD database, 台湾：National Statistics, Republic of China（Taiwan）

第1章 日本，韓国，台湾の女性の労働参加と出生率との関係および法制度

図表1.6 日本，韓国，台湾，アメリカ，EU 15カ国における男女の年齢5歳階級別労働参加率

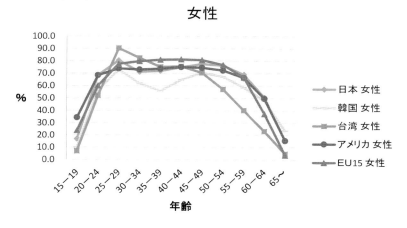

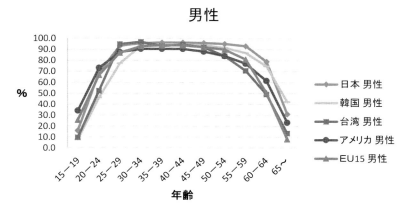

(出典) 以下に挙げるデータを用いて筆者作成
日本：総務省統計局「労働力調査（基本集計）」，その他OECD諸国：OECD database,
台湾：Yearbook of Manpower Survey Statistics Taiwan
注1) 日本の場合，国内居住者を対象とし，外国の外交官，在留米軍などは除く．自衛隊および収監施設の収容者は含む．実数の千人単位は非公表のため，全て0とした．
注2) アメリカの場合，16歳以上を対象．軍人，施設人口，外国の外交官，海外居住の米国人は含まない．プエルトリコ，グアム，アメリカ領ヴァージン諸島，アメリカ領サモアを除く．

庭の両立がいまだに難しいことが確認できる．図表1.6では，男女の年齢5歳階級別労働参加率を日本，韓国，台湾，アメリカ，EU 15カ国[4]で比較している．これをみると，男性は各国間で大きな違いがみられないものの，女性は欧米諸国と日本，韓国，台湾との間に大きな違いがあることがわかる．すなわち，女性の労働参加率は，アメリカやEU 15カ国では男性と同じく逆U字型をしているのに対し，日本，韓国，台湾では20歳から39歳までの期間に女性の労働参加率が低下して窪みが生じており，M字型をしている．M字型をしている理由として，女性は結婚や出産に伴い，仕事をやめてしまうことが挙げられる．同じ東アジアでも，日本，韓国，台湾を比較すると，韓国が最も窪みが深く，その次に窪みが深い国は日本[5]，続いて台湾であることがわかる[6]．

---

[4] ドイツ，フランス，イタリア，ベルギー，オランダ，ルクセンブルク，イギリス，アイルランド，デンマーク，ギリシャ，スペイン，ポルトガル，オーストリア，スウェーデン，フィンランド．

[5] 樋口・坂本・萩原（2016）は日本における結婚・出産後の女性の就業状況を分析している．分析からは，結婚後の継続就業確率をみると，夫の所得が低く，本人の時間当たり賃金率が高い女性の方が継続就業率は高く，また社内に育児休業を取っている人がおり，育休の取りやすい企業に勤めている人の方が，結婚後についても継続就業者は多いことがわかった．出産後の継続就業率をみると，夫の所得の高い世帯において妻の継続就業率は低く，本人の時間当たり賃金率の高い世帯で妻の継続就業率は高い．また正規労働者の継続就業率はパート雇用であった女性に比べ高く，正規労働者に限定すると労働時間が長かった者の継続就業率は低く，通勤時間が長いとますます継続就業率は低くなっている．そして，育児休業制度の利用しやすい企業，さらには幼児数に対し保育所定員の多い地域では，継続就業率は高くなっていることを確認している．出産を機に企業を辞めた女性の再就職率を分析した結果では，夫の家事・育児時間が長い世帯の方が再就職率は高く，夫の年収が高い世帯の方が妻の再就職率は低いことが確認された．さらに女性の出生コーホート（集団）ごとの違いに着目し分析すると，経済的要因や時間的制約要因，さらにはそれらを支援する各種施策に変化がないとしても，若いコーホートの方が婚姻率は有意に下がる傾向がみて取れ，婚姻後の継続就業率は逆に高まる傾向にある．他方，出生についてみると，30代前半からの出生率の上昇を反映し，他の要因が同じであるとすると，若いコーホートの方が出生率は高まる傾向が確認される一方，出産後の継続就業率が正規の場合，有意に上昇する傾向があるのに対し，非正規では逆に低下することが明らかになっている．

[6] 岩井・保田（2009）では，日本，韓国，中国，台湾で東アジア社会調査（East Asia

1.2 日本，韓国，台湾の女性労働に関連する法制度

日本，韓国，台湾の国々において，共通してM字カーブが確認される原因の1つとして，仕事と家庭の両立支援や子育て支援が不足している点が挙げられる．仕事と家庭の両立をはかるために手厚い支援を行ってきた国々同様，アジアの国々でも支援は行われてきた．図表1.7には，2017年時点の日本，韓国，台湾の産前産後休業と育児休業の概要を示している．図表1.7からは，同じ東アジアに属する国々でも，休業期間や手当に大きな違いがあることがわかる．図表1.8には，日本，韓国，台湾の産前産後休業と育児休業の取得イメージを示している．育児休業に関して，日本では，取得可能な期間が，子どもが2歳になるまでの2年間に定められているのに対し，韓国では子どもが8歳以下，または小学校2年生までの間に1年間，台湾では子どもが3歳になるまでの2年間に休業を取得することができ，休業を取得する時期に関して，選択の自由度が高いという特徴がある．以下では，日本，韓国，台湾の女性労働，出産・子育てに関する法制度の詳細を紹介する．

1.2.1 日本の女性労働，出産・子育てに関連する法制度

日本では，女性の社会進出を促進する男女雇用機会均等法の前身である勤労婦人福祉法が1972年に公布され，1985年に男女雇用機会均等法がその後継として成立した（1997年，2006年改正）．その後も，1999年に男女共同参画社会基本法が成立し，男女両方を尊重し，家庭生活とその他の活動が両立

Social Survey: EASS）を用いて，これらの国々の家族観，出生・子ども観，結婚観・離婚観などについて調査している．この調査で，夫婦の共働き，夫のみ就業，妻のみ就業，ともに無業の割合を確認すると，共働きのケースがもっとも多く，日本では50.4%，韓国では48.0%，中国では66.2%，台湾では56.9%を占めている．続いて高い割合を占めるのが夫のみ就業のケースであり，日本では31.8%，韓国では41.6%，中国では20.1%，台湾では23.4%を占めている．日本と韓国では夫のみが働いている割合が3割から4割と高く，子育て中の共働きが難しいことが指摘されている．また，「夫は外で働き，妻は家庭を守るべきである」という意見に関しては，日本，韓国，台湾ともに，賛成派は女性よりも男性の方が多いという結果が得られており，男性は妻が家庭を守る役割を果たしてくれることに期待していることが確認されている．

図表 1.7 日本，韓国，台湾の産前産後休業と育児休業の概要

休業の種類	項目	日本	韓国	台湾
産前産後休業	期間	98日（産前42日，産後56日）	90日（産前45日，産後45日）	8週間（56日，前後の区別なし）
産前産後休業	手当	・健康保険から，出産手当は給与の3分の2 ・健康保険から，出産一時金（子1人につき42万円（多胎児なら子供の数×42万円））を支給	・休業開始から60日までは使用者から賃金を通常通り支給 ・それ以降の30日は雇用保険から135万KRWを上限に支給	・使用者から，勤務期間が6カ月以上の場合は，就業停止期間中の賃金を通常通り支給（勤務期間が6カ月未満の場合は，半額を支給） ・雇用保険から，出産時60日保険金（産前6ヶ月の平均保険支払額）を支給
育児休業	期間	2年（2歳になるまで）	1年（8歳以下，または小学校2年生までの間）	2年（3歳になるまでの間）
育児休業	手当	給与の3分の2（67％）	給与の5分の2（40％）	給与の5分の3（60％）

(出典) 筆者作成

図表 1.8 日本，韓国，台湾の産前産後休業と育児休業の取得イメージ

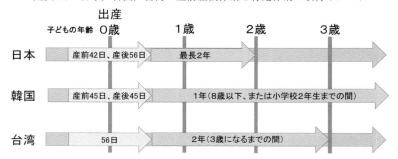

(出典) 筆者作成

12

可能な仕組み作りが行われた．この間，労働基準法（1947 年成立，1987 年，1997 年，2006 年，2008 年改正）でも，女性差別の禁止，長時間労働への規制，柔軟な働き方のしやすい環境の整備を進めている．

仕事と生活の両立をはかることができるように，1991 年に育児休業法，1995 年に育児・介護休業法が成立した（2000 年，2004 年，2009 年改正）．子育て支援の拡充のために，1994 年にエンゼルプラン，1999 年に新エンゼルプランが策定された．児童福祉法（1947 年成立，1997 年，2008 年改正）では，保育サービスの自由な選択を促し，支援の対象や方法の範囲を拡大している．

さらに，2003 年には，民間企業に両立を推進する行動計画の策定や雇用環境の整備を促す次世代育成支援対策推進法，少子化社会に対応する基本理念や安心して子どもを持てる環境の整備を定める少子化社会対策基本法が成立し，取り組みが進められた．仕事と生活の両立を図った企業に対しては，1999 年にファミリーフレンドリー企業や均等推進企業の表彰が開始され，企業における仕事と生活の両立の普及が進められている．2005 年には次世代育成支援対策推進法，2007 年にはワーク・ライフ・バランス憲章が策定され，仕事と生活の調和への国民的な取り組みの大きな方向性が示された．これ以降，2009 年の育児・介護休業法改正による男性の育児休業取得を促す取り組みなど，女性だけでなく男性に対する両立支援も盛んに行われている．この点に関しては，2010 年の児童扶養手当法改正で，母子家庭だけでなく，父子家庭に対しても手当が支給されるようになったことからも，男性に対する政策上の配慮が見受けられる[7]．

このように，法制度の整備が進展するにつれて，人々の価値観も変わりつつある．これまでの日本では「夫は外で働き，妻は家庭を守るべきである」という考えが浸透し，女性は家事や育児等の家庭内労働に従事していた．しかし，1985 年に男女雇用機会均等法が成立して以降，女性の社会進出が進み，労働市場に進出する女性が増えてきている．これに伴い，夫婦の交渉力にも変化がみられ，性別役割分業から夫婦がともに仕事，家事・育児を担うよう

---

[7] 母子家庭などのマイノリティについては，データが少ないことから，特に実証研究の蓄積が進んでいない．母子家庭の研究には，田宮・四方（2007）などがある．

になってきている.

日本の産前産後休業

日本では,産前産後休業を産前42日,産後56日の計98日[8]間取得することが可能である.産前産後休暇取得中は,出産手当金が健康保険の被保険者に支払われ,支給額は1日あたり支給開始日以前の12カ月間の各標準報酬月額の平均÷30日の3分の2である.このほか,健康保険の被保険者,または健康保険の被保険者の配偶者または扶養家族であり,妊娠4カ月（85日）以上に該当する場合,出産一時金が子1人につき42万円（多胎児なら子供の数×42万円）が支給される.

日本の育児休業

日本では,育児休業を取得できる労働者は,原則として1歳に満たない子どもを養育する男女の労働者である.なお,日々雇用される者は対象にならない.育児休業の取得期間に関しては,原則として1人の子どもにつき1回取得でき,子どもが出生した日から子どもが1歳に達する日（誕生日の前日）までの間で労働者が申し出た期間を育児休業として取得できる.ただし,1)保育所に入所を希望しているが,入所できない場合,2)常態として子どもの養育を行っている配偶者であって,子どもが1歳になってからも子どもを養育する予定であったものが,死亡,負傷,疾病等の事情により子どもを養育することが困難になった場合のいずれかに該当する場合は,子どもが1歳6カ月まで育児休業を取得することができる.さらに,子どもが1歳まで育児休業をしていた配偶者に替わって子どもの1歳の誕生日から休業することも可能である.この他,2017年3月の法改正（同年10月施行）により,1歳6カ月に達した時点で,保育所に入れない等の場合に再度申出をすることにより,育児休業期間を最長2歳まで延長できるようになった.また,育児・介護休業法では,両親が協力して育児休業を取得できるように,1)パパ休

---

[8] 多胎妊娠の場合は,産前98日,産後56日の154日.

暇[9]（出産後8週間以内に取得した場合の再取得の特例），2）パパ・ママ育休プラス[10]等の特例がある．

　育児休業中の所得保障として，育児休業給付金がある．これは，子どもが2歳（パパ・ママ育休プラス取得の場合は1歳2カ月，このほか，支給対象期間の延長の場合は2歳）になるまでの間，育児休業を取得した場合に支給される．支給額は1カ月あたり，原則として休業開始時賃金日額×支給日数の3分の2となっている．最初の支給は，申請後約4カ月から5カ月後であり，その後は2カ月ごとに支給される．

　育児・介護休業法では，育児休業以外にも，子どもの看護休暇制度についても定められており，小学校就学前の子どもを養育する労働者は，申し出により，1年に5日まで，病気・けがをした子どもの看護のために，休暇を取得することができる．また，育児目的休暇が取得可能になった．これは，小学校就学の始期に達するまでの子どもを養育する労働者が，育児に関する目的で利用できる休暇制度の措置を設けることに努めることを使用者に対して義務付けるものである．これまでは子どもの看護目的でしか利用できなかった休暇制度を，配偶者出産休暇として，また入園式等の行事参加を含めた育児にも使えるようにすることを目的としている．

　休暇以外にも，時間外労働制限[11]や深夜業の制限[12]，勤務時間の短縮等の措置[13]も設けられており，日単位ではなく，時間単位でも働く時間を調整でき

---

[9] 通常，育児休業取得は原則1回までであるものの，出産後8週間以内に父親が育児休業を取得した場合には，特別な事情がなくても，再度父親が育児休業を取得できる制度である．

[10] 両親がともに育児休業を取得する場合，子どもが1歳2ヵ月に達するまで延長される制度である．

[11] 使用者は，育児や家族の介護を行う労働者が請求した場合には，1カ月24時間，1年150時間を超える時間外労働をさせてはならない．

[12] 使用者は，育児や家族の介護を行う労働者が請求した場合には，深夜（午後10時から午前5時まで）において労働させてはならない．

[13] 使用者は，3歳未満の子どもを養育し，または要介護状態にある対象家族の介護を行う労働者については，勤務時間の短縮等の措置を講じなければならない．また，使用者は，3歳から小学校就学前の子どもを養育し，または家族を介護する労働者については，育児・介護休業の制度または勤務時間の短縮等の措置に準じた措置を

るよう，取り組みが進んでいる．なお，不利益取扱いの禁止も育児・介護休業法には明記されており，使用者は，育児休業，介護休業や子どもの看護休暇の申出をしたことまたは取得したことを理由として，労働者に対して解雇その他不利益な取扱いをしてはならないことになっている．

1.2.2　韓国の女性労働，出産・子育てに関連する法制度

　韓国では，1987 年に男女雇用平等法が成立した[14]．職場での性差別禁止の内容が盛り込まれ，制度面での基盤が設けられた．2001 年には，母性保護関連三法（男女雇用平等法，勤労基準法，雇用保険法）を通じて，女性が能力を発揮でき，男性と対等に働けるように環境の整備が進められた．また，4 月の第 1 週目を男女雇用平等強化週間と定め，男女雇用平等大賞を創設し，男女雇用平等の意識作りに取り組んでいる．2004 年からは，育児休業期間中の代替労働力を使った使用者に対しては，その人件費の一部を補助する制度を導入した．また，男性も女性同様に育児休業を取得できるようにした．育児休業期間は，退職金と年金の算定基準になる勤続期間として認められるようにした．さらに，法制度適用対象を常時 5 人以上の全事業所とし，守らない事業所には処罰できるような体制にもし，実行力を強化している．

　韓国では 5 年おきに，女性政策基本計画が策定され，女性の就業を促進している．これまでに，1998 年から 2002 年までの第 1 次女性政策基本計画，2003 年から 2007 年までの第 2 次女性政策基本計画，2008 年から 2012 年までの第 3 次女性政策基本計画，2013 年から 2017 年までの第 4 次女性政策基本計画を打ち出している．第 4 次女性政策基本計画の内容には，女性の能力開発，育児負担の軽減および出産費用の拡充，実働労働時間の削減，積極的雇用政策，女性雇用拡大の基盤作りが盛り込まれている．

　韓国では，積極的雇用改善措置（アファーマティブ・アクション）が実施されており，公務員女性採用目標制を 1996 年から 2002 年に実施し，女性公務員の割合を 30％にする目標が示された．2004 年からは公的企業や政府投

講ずるよう努めなければならない．

[14] 李（2003）や金（2014）では，韓国の女性の労働参加に関する政策について説明している．

第1章　日本，韓国，台湾の女性の労働参加と出生率との関係および法制度

資機関に対して積極的措置が取られ，2006年から積極的雇用改善措置制度が施行されている．また，女性科学技術人材使用目標制も実施され，2010年までに女性の研究機関・国公立理工系大学に研究員や教授の割合を20％にすることが目標として掲げられた．大沢・金（2014）では，このアファーマティブ・アクションの効果を検証したところ，積極的雇用改善措置対象企業の方が，女性雇用率や女性管理職比率が高いという結果を得ている．また，総資本利益率も高いことが確認されているが，固定効果モデルの推計結果では10％水準で有意であったことから，総資本利益率に対するその影響力は弱いことも示唆されている．

韓国の産前産後休業

韓国では，産前産後休業を産前45日，産後45日の計90日間取得することが可能である[15]．休業中は，休業開始から60日まで[16]は雇用主から賃金が支払われ，それ以降の30日は雇用保険から135万KRWを上限に支給される[17]．もし，労働者の月給が雇用保険からの支給額を上回る場合は，雇用主が最初の60日間のうちにバランスを取るように給与を支給することになっている．なお，産前・産後合わせて90日を超える分については無給扱いとなる．

韓国の育児休業

韓国では，1年以上雇用されている労働者は，子どもが8歳以下または小学校2年生になるまでの間に1年の育児休業を取得することが可能である[18]．その間，育児休業手当として，給与の40％（50万KRW～100万KRW）が毎月支給される[19]．

韓国には，他にも，流産・死産休暇（流産・死産の場合，妊娠期間により

---

[15] 多胎妊娠の場合は120日取得可能．

[16] 多胎妊娠の場合は75日まで．

[17] 小規模事業所の場合，最初の60日も135万KRWを支給される．

[18] 夫婦で最大2年取得可能．ただし，それぞれ違う年度に取得する必要がある．

[19] 同じ子どもに対して，親が交互に育児休業を取得した場合，2回目の育児休業の最初の1ヵ月は給与の100％（上限150万KRW）が支給される．

段階的に 90 日以内の範囲で休暇が付与される）や，配偶者出産休暇（配偶者の出産日から 30 日以内に請求があった場合には，企業は 5 日以内でかつ 3 日以上の出産休暇を与えなければならず，さらに 3 日間は有給）がある．使用者は，休業期間を勤務時間と認め，育児休業終了後には労働者を同じ業務または同レベルの賃金をもらえる職務に復帰させ，育児休業期間中には解雇および不当な処遇をしてはならないなどの義務を負う．

1.2.3　台湾の女性労働，出産・子育てに関連する法制度

　日本，韓国，台湾のうち，とりわけ台湾では両立支援策を実施した時期が比較的遅く，そのことが現在みられる合計特殊出生率の低さを招いた可能性がある [20]．台湾では，1992 年に就職服務法が制定され，雇用機会均等を保障するために，人種，階級，言語，思想，宗教，政党，性別，婚姻，障害などの理由で差別してはならないことが明示された．それから 10 年が経過した2002 年には，両性工作平等法が制定され，性差別禁止が進められた．これにより，使用者は，募集，採用，昇進，配置，教育訓練，福利厚生，定年，退職，離職，解雇において，性別による差別はしてはならないことが定められた．また，セクシャル・ハラスメントの定義を定め，使用者がセクシャル・ハラスメントの発生を予防する責任を課すことも示された．さらに，産前産後休業，育児休業，乳児期の労働時間短縮，保育施設の提供，結婚・妊娠・出産・育児・介護により離職した労働者の再就職支援，出産給付金の支給が定められた．

　2011 年の国民年金法改正では，出産した子ども 1 人当たりに対して 17,280台湾元が国民年金から支給されるようになった．また，労工保険加入者に対しては，出産補助金として，出産 6 ヶ月前の保険給付基準 1 ヵ月分が支払われる．台湾では，子育てに対する金銭的支援は，低所得世帯に手厚いものとなっている．2012 年には，低所得の非共働き世帯 [21] で，2 歳以下の子どもが

---

[20] 日本語の文献で台湾の少子化の現状と諸政策についてまとめているものには，伊藤（2012）や可部（2015）がある．

[21] 非共働き世帯とは，夫婦のどちらかが働く片働き世帯および夫婦のどちらも働かない世帯を指す．

いる場合には，子ども1人当たり毎月4,000台湾元から5,000台湾元が支給されるようになった．また，所得税の税率が20％未満の一般家庭に毎月2,500台湾元が支給される．2010年から，未就学の5歳児を対象に，年収に応じて幼稚園・保育所の費用を支援する制度が開始された．2012年から，5歳以下の子どもがいる納税者[22]は，子ども1人につき，毎年25,000台湾元が控除される．両性工作平等法（日本の男女雇用機会均等法に相当）によって，2002年に育児休業制度が導入された．この時点では，休業期間中の給与の支給はなく，利用も従業員30人以上の企業の従業員とされていた．その後，2007年に両性工作平等法が改正され，性別工作平等法が成立し，企業規模を問わず，全ての労働者の利用が可能になった．勤続年数が1年以上の者は，子どもが3歳になるまでの間に2年間の育児休業を取得することができる．2009年には，育児休業期間中の所得が保証されるようになり，被雇用者の場合は，就業保険法の改正で，育児休業前の半年間平均の保険給付基準の60％が，最長6カ月間，給付される．その他の労働者（公務員，公立校教員，軍人）に対しても，2009年と2010年に，関連する保険法が改正され，所得保障が行われるようになった．

台湾の産前産後休業

　台湾では，産前産後休業を56日間取得することが可能である．なお，産前産後の休業期間の配分に決まりはない．雇用期間が6カ月以上であれば給与は全額支給され，6カ月未満だと半額が支給される．出産休業は性別工作平等法で規定されており，夫は3日間の休暇を取得することができ，休業期間中の給与も全額支給される．

台湾の育児休業

　台湾では，勤続期間が6カ月の被雇用者は，子どもが3歳になるまでの間，子ども1人につき2年間の育児休業を取得することができる．その間，育児

---

[22] ただし，年間の所得税率が20％以上で，所得が600万台湾元を超える納税者は対象外．

休業前の半年間平均の保険給付基準の60%が，最長6カ月間給付される．

1.3 結論

　本章では，日本，韓国，台湾について，①集計データを用いて，女性の就業，結婚，出産の状況の確認，②女性労働，出産・子育てに関連する法制度についての紹介を行ってきた．これらの国々では，法制度・政策が充実してきているにもかかわらず，仕事と家庭の両立をはかることが難しいという問題は残されたままである．特に台湾では両立支援策を実施した時期が比較的遅く，そのことが合計特殊出生率の低さを招いた可能性がある．

　東アジアは，欧米と異なり，結婚と出産の関係は強く，晩婚化・未婚化が少子化につながっている．女性の社会進出に伴い，労働市場では男性に合わせた働き方から女性にも働きやすい働き方へと，環境の整備が進みつつある．このような変化に伴い，人々の就業，結婚，出産の行動や価値観の変化も生じている．

　次章では，なぜ，日本，韓国，台湾といった東アジアの女性においてM字カーブがみられたのか，なぜ，同じ東アジアに属する国々においてもM字カーブの形状に違いがみられたのかについて，家計パネル調査の個票データを用いて，観察されない要因も含め，他の要因をコントロールした上で，結婚・出産後の就業状況を確認する．

第2章

女性の結婚・出産後の就業状況

2.1 問題意識

第1章では，日本，韓国，台湾の女性は，結婚や出産を機に仕事をやめる傾向にあることを，集計データを用いることによって確認した．しかし，集計データによる分析では，個人の異質性など，他の要因を考慮していないため，あくまで相関関係をみただけである．このため，第2章では，同一の家計・個人を長年にわたって追跡調査して得られたパネルデータを用いて，他の要因をコントロールしたうえで，女性の結婚・出産後の就業状況を確認する．

2.2 先行研究

日本，韓国，台湾について，結婚・出産をした女性の就業状況を分析した研究を紹介する．これらの国々の国際比較をした研究には，永瀬（2012），Yamaguchi and Youm（2012），Yu（2005, 2009），Brinton（2001）などがある．

永瀬（2012）では，日本，韓国（ただし，ソウルに限定），中国（ただし，北京に限定）の第1子出産後の就業継続について分析を行っている．分析の結果，3カ国で共通して，女性の賃金が高いと就業を促すこと，夫婦分業的な規範意識は就業を抑制することが確認された．また，夫の学歴が高いほど妻の就業に対して負の影響を与えているのは日本のみであり，ソウルでは有意な差は確認されておらず，北京では反対に正の影響が確認されている．日本では夫の収入も就業継続確率に負の影響を与えているが，ソウル，北京では有意な結果は得られていない．親との同居に関しては，日本とソウルでは親と同居している方が就業継続確率は高いが，北京では有意な結果を得ていない．また，日本は，若年世代の方が就業継続確率は低いが，第1子妊娠時

に正社員のものに限定すると若年世代の方が就業継続確率は高いことも確認されている．この結果を受け，日本の育児休業制度拡充の効果は限定的であり，非正規雇用が拡大する中，若年世代において効果を挙げていない可能性が示唆されている．なお，ソウルでは年齢コーホートごとの有意な就業継続確率の差はみられず，北京では日本と同じく，若年層の方が就業継続確率は低いという結果を得ている．

Yamaguchi and Youm（2012）は，日本と韓国の個人のパネルデータを用いて，出産選択に何が影響を与えているのか，日本と韓国の共通点や相違点を検証している．分析の結果，韓国の第1子の婚内出生率は日本よりも高いが，日本に比べ韓国では第2子出産時期を遅らせる傾向があり，また韓国では第3子出生率がさらに大きく減少することを確認している．これについては，Becker（1960）の子どもの質・量モデルにおいて議論されている子どもの質を高めるためのコスト（教育費等）が，日本より韓国のほうが大きいためと解釈している．教育費等を引き下げる政策は出生率を引き上げると考えられるが，その効果は日本より韓国の方が大きい可能性が示唆されている．

また，夫の収入の出生率に対する影響が既存の子どもの数によって変わる影響についても，韓国の方が日本より大きいことが確認されている．このことから，日本よりも韓国の方が，教育費や養育費などを引き下げることによる出生率上昇の効果がより期待できることがわかった．このことは，韓国では日本よりも大学進学率が高く，教育費負担が重いことと一致している．一方，日本において有効な政策は，育児休業であることが示された．これは，日本の方が育児休業の長さ等からみて充実しており，そのことが結果に現れたとしている．このほか，出生意図・出生意欲は出生率に大きな影響をもたらすこと，夫婦関係満足度の影響は間接的に出生意図・出生意欲変化を通じてのみ出生率に影響することを，日本と韓国の両方で確認している．

Yu（2005, 2009）は，1990年代半ばの日本と台湾の25歳から60歳までの女性の結婚後，出産後の労働参加の違いを比較している．分析の結果，結婚後，第1子出産後において，日本と台湾の女性はともに仕事を辞める傾向にあることが確認された．両国の女性の労働参加率や長期的にみた労働市場からの退出割合を比較すると，結婚後においては，日本女性は台湾女性よりも仕事

第2章　女性の結婚・出産後の就業状況

を辞める傾向にあること，第1子出産後においては，台湾女性の方が仕事を辞める傾向にあることが確認されている．また，女性の労働参加を促す要因として，日本では家族のサポートがあること，規模の小さい企業で働いていること，公務員であることを挙げている．台湾では，小企業または大企業で働いていること，公務員であることが女性の労働参加を促している．Yu（2005, 2009）では，企業規模が小さいほど柔軟に仕事を調整できると仮説を立てているが，大企業の方が就業環境は充実しているとも考えられる．このほか，職種に関しても違いがみられ，日本女性は，マニュアルに基づいて働く職種（Yu（2005, 2009）ではブルーカラー）と比べて，ホワイトカラーの事務職やサービス・販売職では有意に仕事を辞めやすいこと，管理職や専門職はブルーカラーと有意な差がないこと，一方，台湾女性は管理職や専門職は仕事を辞めにくいことが確認されている．また，1990年代は台湾より日本の方が合計特殊出生率は低かったため，Blinton（2001）やYu（2005, 2009）では，よりファミリーフレンドリーな政策が実施される場合，台湾ではさらに女性の労働参加率は高まり，合計特殊出生率は上昇すると予想している．しかし，2000年代以降，女性の労働参加率は上昇しているものの，台湾では合計特殊出生率は低下を続け，日本よりも低い水準になってしまっている．

　Brinton（2001）は，戦後，日本と台湾では非農業従事者でホワイトカラーの職に就く女性の労働参加が増加していることを確認している．しかしながら，これらの国々では，結婚・出産後に異なった傾向をみせている．Yu（2005, 2009）では，1995年から1996年における25歳から60歳の女性の就業履歴データを用いて，年齢階層ごとに女性の結婚前，結婚時点，第1子出産前後の女性の労働参加率を比較している．その結果，日本は結婚前においては年齢ごとに差がみられなかったものの，結婚直後においては差が表れはじめ，若年層の方が結婚してからも就業していることが確認できる．第1子出産前後においては，年齢ごとの差は縮まるものの，結婚前の労働参加率と比べて，第1子出産前後の労働参加率は2分の1ほどにまで下がっている．一方，台湾は，結婚前，結婚時点，第1子出産前後のどの時期においても，若年層の方が労働参加率は一貫して高い．しかし，日本と異なり，結婚や出産の時期ごとにみた場合の年齢ごとの労働参加率の差が拡大したり，縮小したりして

23

いる状況は確認できない．また，台湾女性の労働参加率は，結婚前と比べて，結婚後は10分の9，第1子出産後からは10分の7ほどになっており，日本と比較して結婚および出産後の労働参加率が高いことが確認できる．このような違いが生じた理由について，日本と台湾の労働市場の特徴の違いが影響している．まず，台湾では経済発展により労働需要が増加した（Brinton et al. 1995）．また，日本では正規被雇用者は通常労働時間が長く，柔軟な働き方ができないものの，台湾では中小企業に限っていえば，仕事のスケジュールを柔軟に決めやすいことも指摘されている（Brinton et al. 1995, Brinton 2001）．さらに，中小企業では，長時間労働による残業手当を支払う経済的余力はないため，労働時間が長時間化しにくい状況である（Yu 2001）．

このように，2000年以降の日本，韓国，台湾についての比較研究は，まだ研究蓄積が始まったばかりである．とりわけ，パネルデータを用いた比較研究はほとんどないことから，本研究では，まだ明らかにされていない個人の異質性も考慮した上で，どのような結果が得られるかを確認する．

2.3　データ

本書では，パネルデータといわれる同一の調査対象者を長年に渡って追跡調査して得られたデータを用いて分析を行う．具体的には，慶應義塾大学パネルデータ設計・解析センターの「日本家計パネル調査（Japan Household Panel Survey/Keio Household Panel Survey: JHPS/KHPS）」（2004～2016年），韓国労働研究院（Korea Labor Institute）の「韓国労働パネル調査（Korean Labor and Income Panel Study: KLIPS）」（1998～2014年），台湾中央研究院（Academia Sinica）の人文社会科学研究センター（Research Center for Humanities and Social Sciences）の「家族のダイナミクスに関するパネル調査（Panel Study of Family Dynamics: PSFD）」（2001～2007年）の個票データを使用する（以下，略称を使用する．次章以降も同様）．図表2.1には，KHPS, KLIPS, PSFDの概要を示している．以下では，これらパネルデータの概要について紹介する．

第2章　女性の結婚・出産後の就業状況

図表 2.1　KHPS, KLIPS, PSFD の概要

国	日本	韓国	台湾
調査名	日本家計パネル調査（Japan Household Panel Survey/Keio Household Panel Survey: JHPS/KHPS）	韓国労働パネル調査（Korean Labor and Income Panel Study: KLIPS）	家族のダイナミクスに関するパネル調査（Panel Study of Family Dynamics: PSFD）
データ提供機関	慶應義塾大学パネルデータ設計・解析センター	韓国労働研究院（Korea Labor Institute）	台湾中央研究院（Academia Sinica）の人文社会科学研究センター（Research Center for Humanities and Social Sciences）
調査期間	KHPS：2004 年～ JHPS：2009 年～	1998 年～	1999 年～
調査対象者	KHPS：20 歳～69 歳の男女 JHPS：20 歳以上の男女	13 歳以上の男女	16 歳以上の男女
調査初年度の予定サンプルサイズ	KHPS：4,000 世帯 JHPS：4,000 世帯	5,000 世帯	1,000 世帯（1999 年調査のケース）

（出典）筆者作成

2.3.1　「日本家計パネル調査（Japan Household Panel Survey/Keio Household Panel Survey: JHPS/KHPS）」

　JHPS/KHPS は KHPS と JHPS の二つの調査から構成されているパネル調査である．KHPS は 2004 年から，JHPS は 2009 年から，それぞれ 4,000 世帯に対して調査が開始されており，KHPS は 2007 年に 1,400 世帯，2012 年に 1,000 世帯に新規コーホートを追加している．KHPS の調査対象者は 20 歳～69 歳の男女，JHPS の調査対象者は 20 歳以上の男女を対象としている．サンプル抽出の母集団は重複しているものの，調査回答者の重複はしていない．これらの調査はそれぞれのテーマに基づいて実施されており，KHPS では就業，所得，消費，住宅など，JHPS では就業，所得，教育，健康・医療などをメ

25

インテーマとしている．テーマは異なるものの，JHPSはKHPSに基づき調査票設計が行われている背景から，質問項目が重複しているものもあり，両者を合わせて使用することが可能である．2014年から，KHPSとJHPSは統合され，「日本家計パネル調査」として調査がされている．本研究では，統合前のデータも合わせて分析に使用する．

2.3.2 「韓国労働パネル調査（Korean Labor and Income Panel Study: KLIPS）」

KLIPSは1998年から調査が開始された，同一個人を長年に亘って追跡調査しているパネル調査である．この調査では，初年度に5,000世帯（個人では13,321人）を調査しており，世帯構成員に対しても調査が行われている．子どもに対する調査も含めると，13歳以降の男女が調査対象であり，結婚などで世帯を離れた場合は，新しい世帯の構成員の情報が追加される．

2.3.3 「家族のダイナミクスに関するパネル調査（Panel Study of Family Dynamics: PSFD）」

PSFDは1999年から調査が開始された，同一個人を長年に亘って追跡調査しているパネル調査である．この調査では，4回に亘って調査対象者が追加されており，1999年からの調査は1953年から1964年生まれ，2000年からの調査は1935年から1954年生まれ，2003年からの調査は1964年から1976年生まれ，2009年からの調査は1977年から1983年生まれに調査が行われている．初年度における回答者数はそれぞれ545，1,066，652，1,649である．この調査は，主に上記の調査対象者に対して調査が行われているが，子どもに対する調査も含めると，16歳以降の男女を調査対象としている．本研究の実施期間（2017年）においては，2001年から2007年までの貸し出しがされていた（調査票等には，中国語版と英語版の2つが存在）．しかし，2018年現在は，中国語版でのみ，1999年から利用可能になっている．

以上，3つのパネルデータを用いて，日本，韓国，台湾の女性の出産後の就業継続・再就職の状況について明らかにする．本章の分析で使用する記述統計量は以下のとおりである．3カ国を比較するにあたって，比較しやすい

ように，夫の収入については，消費者物価指数で実質化を行い，対数変換を行ったものを使用する．学歴については，日本の中卒，高卒，短大・高専卒，大卒・大学院卒のカテゴリーに合わせて韓国と台湾の学歴を分類したものを使用する[23]．

2.4　分析方法

本節では，分析方法について紹介する．本章では，女性の就業が結婚・出産によって抑制されているのか，また，夫婦の学歴差が妻の就業選択に影響を与えているのかを明らかにする．

女性の就業が結婚・出産によって抑制されているのかを検証する際には，ロジットモデル，変量効果ロジットモデル，固定効果ロジットモデル[24]の3つのモデルを推定する．

$$\begin{cases} W_{it} = 1 \text{ if } W_{it}^* > 0 \\ W_{it} = 0 \text{ if } W_{it}^* \leq 0 \end{cases}$$

$$W_{it}^* = \beta_1 + \beta_2 E0_{it} + \beta_3 E1_{it} + \beta_4 E2_{it} + \beta_5 E3_{it} + \sum_{n=6}^{N} \beta_n X_{nit} + \alpha_i + t_t + e_{it} \qquad (2.1)$$

W_{it} は就業していれば 1，就業していなければ 0 を示す就業ダミーであり，W_{it}^* は潜在変数，W_{it} は実際の選択を示している．$E0_{it}, E1_{it}, E2_{it}, E3_{it}$ は結婚[25]・

---

[23] 韓国の学歴の定義は，lower secondary を中卒，upper secondary を高卒，2-years college, vocational, technical, associate degree を高専卒・短大卒，university（4 years or more），graduate school（master's），graduate school（doctoral）を大卒・大学院卒としている．台湾の学歴の定義は，Junior high school, Junior vocational school を中卒，Senior high school（General track），Senior high school（Vocational track），Vocational high school を高卒，Junior college（5 years），Junior college（2 years），Junior college（3 years），Technical college を高専卒・短大卒，University of College, Master degree, Doctoral degree を大卒・大学院卒としている（次章以降も同様）．

[24] 線形確率モデルでの推定に基づき，F 検定，Breusch–Pagan 検定，Hausman 検定を行った結果，3つのモデルのうち，固定効果モデルが採択されている．

[25] 結婚ダミーには，新婚と再婚の両方を含んでおり，新婚か再婚かによらず，結婚した場合 1，結婚していない場合 0 の値が入るように，ダミー変数を作成している．再婚，または，結婚の前に出産をしていることも考えられることから，分析では子

出産[26]イベントダミーであり，結婚後の女性の就業状況に関する推定の場合には，$E0_{it}$ は結婚直後の場合 1，それ以外 0，$E1_{it}$ は結婚後の経過年数が 1 年の場合 1，それ以外 0，$E2_{it}$ は結婚後の経過年数が 2 年の場合 1，それ以外 0，$E3_{it}$ は結婚後の経過年数が 3 年以上の場合 1，それ以外 0 を示すダミー変数を使用する（出産の場合も同様）．X_{nit} はコントロール変数であり，具体的には，年齢階層ダミー（20代，30代，40代，50代．20代がレファレンス），学歴ダミー（中卒，高卒，短大卒・高専卒，大卒・大学院卒．中卒がレファレンス），子どもの人数ダミー（0人，1人，2人，3人以上．0人がレファレンス），そして，出産後の推定には，夫の収入[27]を使用する．$\beta_n\,(n=1,\cdots,N)$ はパラメータである．α_i は個別効果，t_t は年効果，e_{it} は誤差項である．添え字の i は個人，t は年を表す．$E0_{it}, E1_{it}, E2_{it}, E3_{it}$ のパラメータ $\beta_2, \beta_3, \beta_4, \beta_5$ がマイナスで有意である場合，結婚・出産によって就業が抑制されていることを示す．図表2.2 と図表2.3 には，分析に用いるデータの記述統計量を示している．以上で説明してきたデータと分析方法を用いて，次節では，分析結果の解釈を行う．

　どもの人数ダミーをコントロールしている．

[26] 出産ダミーは，第何子目の出産かによらず，出産した場合 1，出産していない場合 0 の値が入るように，ダミー変数を作成している．

[27] 夫の収入は，国ごとに，消費者物価指数でデフレートし，対数変換を行って作成している．

第 2 章　女性の結婚・出産後の就業状況

図表 **2.2**　結婚後の就業状況の推定に使用するデータの記述統計量

変数名	日本		韓国		台湾	
	平均値	標準偏差	平均値	標準偏差	平均値	標準偏差
就業ダミー	0.676	0.468	0.386	0.487	0.588	0.492
結婚前後ダミー						
ref. 結婚前ダミー						
結婚年ダミー	0.125	0.331	0.031	0.173	0.077	0.266
結婚 1 年経過ダミー	0.104	0.306	0.030	0.171	0.165	0.371
結婚 2 年経過ダミー	0.093	0.291	0.063	0.243	0.157	0.364
結婚 3 年以上経過ダミー	0.442	0.497	0.509	0.500	0.406	0.491
年齢階層ダミー						
ref. 20 代ダミー						
30 代ダミー	0.267	0.442	0.300	0.458	0.319	0.466
40 代ダミー	0.314	0.464	0.250	0.433	0.101	0.302
50 代ダミー	0.286	0.452	0.205	0.404	0.511	0.500
学歴ダミー						
ref. 中卒ダミー						
高卒ダミー	0.490	0.500	0.378	0.485	0.258	0.438
高専卒・短大卒ダミー	0.281	0.450	0.250	0.433	0.442	0.497
大卒・大学院卒ダミー	0.203	0.403	0.264	0.441	0.112	0.316
子どもの人数ダミー						
ref.　0 人ダミー						
1 人ダミー	0.194	0.395	0.060	0.237	0.087	0.282
2 人ダミー	0.378	0.485	0.258	0.438	0.303	0.460
3 人以上ダミー	0.155	0.362	0.678	0.467	0.477	0.500
Observations	16,620		58,602		3,569	

（出典）日本：日本家計パネル調査（Japan Household Panel Survey/Keio Household Panel Survey: JHPS/KHPS）2004–2016，韓国：韓国労働パネル調査（Korean Labor and Income Panel Study: KLIPS）1998–2014 を用いて筆者作成，台湾：家族のダイナミクスに関するパネル調査（Panel Study of Family Dynamics: PSFD）2001–2007 を用いて筆者作成．

注）掲載している値は，プーリングデータをロジットモデルで推定した際に用いたデータの記述統計量である．年齢を 20 歳以上 59 歳以下に限定している．異常値を除いている．

図表 2.3　出産後の就業状況の推定に使用するデータの記述統計量

変数名	日本		韓国		台湾	
	平均値	標準偏差	平均値	標準偏差	平均値	標準偏差
就業ダミー	0.607	0.488	0.321	0.467	0.615	0.487
出産前後ダミー						
ref. 出産前ダミー						
出産年ダミー	0.042	0.201	0.044	0.205	0.038	0.192
出産1年経過ダミー	0.038	0.190	0.043	0.204	0.034	0.181
出産2年経過ダミー	0.034	0.182	0.036	0.185	0.029	0.169
出産3年以上経過ダミー	0.105	0.306	0.169	0.375	0.036	0.185
年齢階層ダミー						
ref. 20代ダミー						
30代ダミー	0.400	0.490	0.438	0.496	0.726	0.446
40代ダミー	0.514	0.500	0.471	0.499	0.170	0.375
学歴ダミー						
ref. 中卒ダミー						
高卒ダミー	0.492	0.500	0.514	0.500	0.451	0.498
高専卒・短大卒ダミー	0.312	0.463	0.183	0.386	0.320	0.467
大卒・大学院卒ダミー	0.187	0.390	0.187	0.390	0.145	0.352
子どもの人数ダミー						
ref. 0人ダミー						
1人ダミー	0.203	0.402	0.111	0.315	0.147	0.355
2人ダミー	0.496	0.500	0.439	0.496	0.510	0.500
3人以上ダミー	0.202	0.402	0.443	0.497	0.257	0.437
夫の収入	6.096	0.515	5.468	0.596	10.774	0.551
Observations	7,035		18,980		1,126	

（出典）日本：日本家計パネル調査（Japan Household Panel Survey/Keio Household Panel Survey: JHPS/KHPS）2004–2016，韓国：韓国労働パネル調査（Korean Labor and Income Panel Study: KLIPS）1998–2014 を用いて筆者作成，台湾：家族のダイナミクスに関するパネル調査（Panel Study of Family Dynamics: PSFD）2001–2007 を用いて筆者作成.

注）掲載している値は，プーリングデータをロジットモデルで推定した際に用いたデータの記述統計量である．年齢を20歳以上49歳以下に限定している．異常値を除いている.

2.5 分析結果

2.5.1 結婚後の女性の就業状況

　結婚後の就業状況の推定結果は，図表2.4，図表2.5，図表2.6に掲載している．まず，図表2.4の日本の推定結果を確認すると，結婚後を表すダミー変数の係数がマイナスで有意なことから，日本において女性は結婚後に働かなくなる傾向がみられる．このほか，有意な変数についてみると，40代ダミーの係数がプラスで有意なことから，20代と比べて40代は就業確率が高いことが確認された．学歴ダミーの結果をみると高卒ダミーと高専卒・短大卒ダミーの係数がそれぞれ有意な結果を示しており，大卒・大学院卒ダミーの係数は有意な結果を得られてない．これは，中卒と比べて，高卒と高専卒・短大卒は就業確率が高いが，大卒・大学院卒は中卒と有意な差がないことを示している．子どもの人数ダミーの結果は，子どもがいるとマイナスで有意という結果を得ている．子どもの人数が2人だと最も就業確率が低くなっており，続いて低いのが1人となっている．子どもが3人以上いる場合は，子どもが1人または2人の場合よりも就業確率が高い理由は，子育てに慣れてきて就業しやすくなったこと，子どもが増えたことにより，子育て費用が高くなったことから働く必要が生じたことなどが考えられる．

　韓国の推定結果は，図表2.5に掲載している．結婚して1年，2年が経過していることを表すダミー変数の係数がマイナスで有意なことから，結婚後に女性は働かなくなる傾向が韓国においても確認できる．その他の有意な変数の結果をみると，年齢階層ダミーがマイナスで有意であり，20代と比較して，30代以降の年齢階層では女性の就業確率が低いことが確認できる．学歴ダミーの結果は，高卒ダミーと大卒・大学院卒ダミーの係数がマイナスで有意であり，中卒と比べて，高卒と大卒・大学院卒は就業確率が低いことが確認された．子どもの人数ダミーはマイナスで有意であり，子どもがいた方が就業確率は低く，子どもがいる場合は1人だと最も就業確率が低く，その後を2人，3人以上が続いている．

　台湾の推定結果は，図表2.6に掲載している．日本や韓国と異なり，台湾は，結婚した年，結婚して1年が経過した年の時点では結婚前と有意な違いはみ

図表 **2.4** 結婚後の就業状況に関する推定結果（日本）

被説明変数：就業ダミー	(J1)	(J2)	(J3)
分析対象		女性	
分析方法	Logit	RE Logit	FE Logit
結婚前後ダミー　ref. 結婚前ダミー			
結婚年ダミー	-1.450^{***}	-2.949^{***}	-2.442^{***}
	(0.0793)	(0.245)	(0.375)
結婚1年経過ダミー	-1.532^{***}	-3.000^{***}	-2.413^{***}
	(0.0861)	(0.264)	(0.416)
結婚2年経過ダミー	-1.511^{***}	-2.986^{***}	-2.378^{***}
	(0.0898)	(0.277)	(0.389)
結婚3年以上経過ダミー	-1.334^{***}	-2.813^{***}	-2.201^{***}
	(0.0688)	(0.276)	(0.425)
年齢階層ダミー　ref. 20代ダミー			
30代ダミー	-0.120^{*}	-0.0102	-0.0894
	(0.0653)	(0.186)	(0.220)
40代ダミー	0.490^{***}	1.140^{***}	0.729^{**}
	(0.0702)	(0.223)	(0.346)
50代ダミー	0.176^{**}	0.521^{**}	-0.00376
	(0.0689)	(0.240)	(0.411)
学歴ダミー　ref. 中卒ダミー			
高卒ダミー	0.245^{**}	1.256^{**}	
	(0.109)	(0.500)	
高専卒・短大卒ダミー	0.109	1.029^{**}	
	(0.111)	(0.513)	
大卒・大学院卒ダミー	0.111	0.848	
	(0.114)	(0.523)	
子どもの人数ダミー　ref. 0人ダミー			
1人ダミー	-0.346^{***}	-1.633^{***}	-1.887^{***}
	(0.0606)	(0.230)	(0.306)
2人ダミー	-0.0993^{*}	-1.337^{***}	-1.923^{***}
	(0.0568)	(0.252)	(0.363)
3人以上ダミー	-0.0581	-0.944^{***}	-1.629^{***}
	(0.0658)	(0.300)	(0.458)
Log likelihood	-9809	-6327	-2201
Observations	16,620	16,620	6,483
Number of ID		3,107	808

（出典）日本家計パネル調査（Japan Household Panel Survey/Keio Household Panel Survey: JHPS/KHPS）2004-2016 を用いて筆者作成

注1）*** は1％水準有意，** は5％水準有意，* は10％水準で有意であることを示す．
　　上段は係数，下段の（　）の中はロバストな標準誤差である．

注2）Logit はロジットモデル，RE Logit は変量効果ロジットモデル，FE Logit は固定効果ロジットモデルの推定結果であることを示している．上記の説明変数のほか，年ダミーを使用している．定数項は紙幅の関係で省略している．

第 2 章　女性の結婚・出産後の就業状況

図表 2.5　結婚後の就業状況に関する推定結果（韓国）

被説明変数：就業ダミー	(K1)	(K2)	(K3)
分析対象	女性		
分析方法	Logit	RE Logit	FE Logit
結婚前後ダミー　ref. 結婚前ダミー			
結婚年ダミー	−0.558***	−0.516***	−0.0923
	(0.0542)	(0.109)	(0.159)
結婚 1 年経過ダミー	−0.657***	−0.713***	−0.338**
	(0.0560)	(0.116)	(0.164)
結婚 2 年経過ダミー	−0.813***	−0.906***	−0.457***
	(0.0494)	(0.107)	(0.163)
結婚 3 年以上経過ダミー	−0.433***	−0.516***	−0.155
	(0.0253)	(0.0911)	(0.156)
年齢階層ダミー　ref. 20 代ダミー			
30 代ダミー	−0.250***	−0.842***	−1.102***
	(0.0261)	(0.0691)	(0.0567)
40 代ダミー	0.124***	−0.365***	−0.759***
	(0.0309)	(0.0872)	(0.0964)
50 代ダミー	−0.427***	−1.035***	−1.407***
	(0.0331)	(0.0994)	(0.136)
学歴ダミー　ref. 中卒ダミー			
高卒ダミー	−0.273***	−0.417***	
	(0.0310)	(0.118)	
高専卒・短大卒ダミー	−0.0209	−0.147	
	(0.0325)	(0.124)	
大卒・大学院卒ダミー	−0.192***	−0.534***	
	(0.0346)	(0.132)	
子どもの人数ダミー　ref.　0 人ダミー			
1 人ダミー	−0.328**	−1.344***	−1.507***
	(0.135)	(0.492)	(0.431)
2 人ダミー	−0.0499	−0.894*	−1.200***
	(0.131)	(0.481)	(0.422)
3 人以上ダミー	−0.155	−0.923*	−1.065**
	(0.130)	(0.480)	(0.423)
Log likelihood	−38067	−29297	−14904
Observations	58,602	58,602	44,709
Number of ID		8,145	4,357

（出典）韓国労働パネル調査（Korean Labor and Income Panel Study: KLIPS）1998–2014 を
用いて筆者作成

注 1）***は 1％水準有意，**は 5％水準有意，*は 10％水準で有意であることを示す.
　　上段は係数，下段の（　）の中はロバストな標準誤差である.

注 2）Logit はロジットモデル，RE Logit は変量効果ロジットモデル，FE Logit は固定
　　効果ロジットモデルの推定結果であることを示している．上記の説明変数のほ
　　か，年ダミーを使用している．定数項は紙幅の関係で省略している.

33

図表 2.6　結婚後の就業状況に関する推定結果（台湾）

被説明変数：就業ダミー	(T1)	(T2)	(T3)
分析対象		女性	
分析方法	Logit	RE Logit	FE Logit
結婚前後ダミー　ref. 結婚前ダミー			
結婚年ダミー	−0.937***	−1.098***	0.409
	(0.264)	(0.350)	(0.791)
結婚1年経過ダミー	−0.731***	−0.898***	1.107
	(0.176)	(0.282)	(1.110)
結婚2年経過ダミー	1.372***	2.117***	3.745***
	(0.195)	(0.277)	(1.050)
結婚3年以上経過ダミー	0.851***	1.455***	3.484***
	(0.142)	(0.268)	(1.184)
年齢階層ダミー　ref. 20代ダミー			
30代ダミー	0.504***	1.294***	1.899***
	(0.185)	(0.264)	(0.496)
40代ダミー	0.904***	1.785***	2.821***
	(0.232)	(0.358)	(0.695)
50代ダミー	0.0529	0.534	2.360***
	(0.207)	(0.330)	(0.807)
学歴ダミー　ref. 中卒ダミー			
高卒ダミー	−0.181	−0.283	
	(0.129)	(0.257)	
高専卒・短大卒ダミー	−0.0456	−0.0665	
	(0.108)	(0.206)	
大卒・大学院卒ダミー	0.793***	1.146***	
	(0.162)	(0.320)	
子どもの人数ダミー　ref.　0人ダミー			
1人ダミー	−0.650***	−0.791**	0.0903
	(0.196)	(0.347)	(0.753)
2人ダミー	−0.916***	−1.317***	−0.241
	(0.167)	(0.318)	(0.745)
3人以上ダミー	−1.085***	−1.420***	1.319
	(0.172)	(0.332)	(0.868)
Log likelihood	−1934	−1767	−593.9
Observations	3,569	3,569	3,321
Number of ID		811	623

（出典）家族のダイナミクスに関するパネル調査（Panel Study of Family Dynamics: PSFD）2001-2007 を用いて筆者作成

注1）***は1％水準有意，**は5％水準有意，*は10％水準で有意であることを示す．
　　上段は係数，下段の（　）の中はロバストな標準誤差である．

注2）Logitはロジットモデル，RE Logitは変量効果ロジットモデル，FE Logitは固定効果ロジットモデルの推定結果であることを示している．上記の説明変数のほか，年ダミーを使用している．定数項は紙幅の関係で省略している．

第 2 章　女性の結婚・出産後の就業状況

られないが，結婚 2 年が経過した後には，就業前よりも就業確率が有意に高いという結果を得ている．また，他の有意な変数をみると，年齢階層第ダミーの係数が有意であり，台湾女性は年齢が 40 代に近づくにつれて就業確率が高くなり，50 代以降には下がる傾向が確認できる．このほか，学歴ダミーはロジットモデルと変量効果ロジットモデルの両方で，大卒・大学院卒ダミーの係数が有意でプラスの値を示していることから，高学歴女性は就業確率が高いことが確認された．子どもの人数ダミーについてみると，子どもの人数は固定効果ロジットモデルでの推定以外，係数がマイナスで有意という結果を得ている．これは，子どもがいると就業しなくなる傾向は，個人の異質性によるもので，子どもの人数の影響は個人の異質性による見せかけの相関であったことを示している．台湾の場合は，平均的にみると，子どもの人数が女性の就業確率に与える影響は，あくまで個人ごとに異なり，直接の影響はないことが確認された．

　以上の結果を総括すると，日本と韓国では結婚後に就業しなくなることが確認されたものの，台湾では結婚後には 2 年経過後に就業確率がさらに高まっていることが確認された．また，日本では，学歴が高いほど就業確率が高くなるという結果は得られていなかったものの，台湾では，学歴が高い方が就業していることが確認された．次項では，このような違いが，出産後においても確認できるか，検討する．

2.5.2　出産後の女性の就業状況

　出産後の就業状況の推定結果は，図表 2.7，図表 2.8，図表 2.9 に掲載している．まず，図表 2.7 の日本の推定結果を確認すると，(J1) から (J3) まで，出産経過を示すダミー変数の係数が出産から 1 年経過した年までマイナスで有意であることから，この期間は出産前よりも就業確率が低いことが確認できる．出産後 2 年経過してからは (J3) の固定効果モデルでは有意ではないことから，出産後 2 年以降に関しては，個人の異質性が強く影響している可能性が示唆されている．その他の有意な変数をみると，(J1) と (J2) で年齢階層ダミーでは 40 代ダミーが有意であり，20 代よりも 40 代の方が就業している傾向が確認されている．子どもの人数はマイナスで有意であり，子どもの

35

図表 2.7　出産後の就業状況に関する推定結果（日本）

被説明変数：就業ダミー	(J1)	(J2)	(J3)
分析対象		女性	
分析方法	Logit	RE Logit	FE Logit
出産前後ダミー　ref. 出産前ダミー			
出産年ダミー	−2.905***	−5.494***	−3.062***
	(0.217)	(0.526)	(0.429)
出産1年経過ダミー	−1.566***	−2.807***	−1.169***
	(0.150)	(0.351)	(0.365)
出産2年経過ダミー	−1.255***	−2.167***	−0.494
	(0.146)	(0.321)	(0.372)
出産3年以上経過ダミー	−0.916***	−1.653***	0.0562
	(0.0919)	(0.286)	(0.372)
年齢階層ダミー　ref. 20代ダミー			
30代ダミー	−0.101	0.370	−0.0127
	(0.108)	(0.296)	(0.274)
40代ダミー	0.372***	1.575***	0.567
	(0.116)	(0.339)	(0.378)
学歴ダミー　ref. 中卒ダミー			
高卒ダミー	0.412	1.195	
	(0.293)	(0.975)	
高専卒・短大卒ダミー	0.197	0.490	
	(0.295)	(0.984)	
大卒・大学院卒ダミー	0.481	1.016	
	(0.299)	(1.004)	
子どもの人数ダミー　ref. 0人ダミー			
1人ダミー	−0.623***	−1.825***	−2.583***
	(0.112)	(0.384)	(0.454)
2人ダミー	−0.189*	−1.734***	−3.954***
	(0.104)	(0.367)	(0.540)
3人以上ダミー	−0.0594	−1.274***	−4.560***
	(0.116)	(0.434)	(0.736)
夫の収入	−0.706***	−0.521**	0.0608
	(0.0820)	(0.207)	(0.207)
Log likelihood	−4201	−2832	−857.9
Observations	7,035	7,035	3,018
Number of ID		1,448	436

（出典）日本家計パネル調査（Japan Household Panel Survey /Keio Household Panel Survey:
　　　JHPS/KHPS）2004-2016 を用いて筆者作成

注1）***は1％水準有意，**は5％水準有意，*は10％水準で有意であることを示す．
　　　上段は係数，下段の（　）の中はロバストな標準誤差である．

注2）Logit はロジットモデル，RE Logit は変量効果ロジットモデル，FE Logit は固定
　　　効果ロジットモデルの推定結果であることを示している．上記の説明変数のほ
　　　か，年ダミーを使用している．定数項は紙幅の関係で省略している．

第2章　女性の結婚・出産後の就業状況

図表 2.8　出産後の就業状況に関する推定結果（韓国）

被説明変数：就業ダミー	（K1）	（K2）	（K3）
分析対象		女性	
分析方法	Logit	RE Logit	FE Logit
出産前後ダミー　ref. 出産前ダミー			
出産年ダミー	−1.142***	−1.734***	−1.649***
	(0.104)	(0.173)	(0.187)
出産1年経過ダミー	−0.858***	−1.297***	−1.274***
	(0.0978)	(0.163)	(0.176)
出産2年経過ダミー	−0.597***	−1.101***	−1.097***
	(0.0991)	(0.178)	(0.180)
出産3年以上経過ダミー	−0.504***	−0.791***	−0.807***
	(0.0495)	(0.128)	(0.146)
年齢階層ダミー　ref. 20代ダミー			
30代ダミー	−0.0168	−0.231*	−0.264*
	(0.0662)	(0.140)	(0.137)
40代ダミー	0.176***	0.145	0.0724
	(0.0683)	(0.159)	(0.188)
学歴ダミー　ref. 中卒ダミー			
高卒ダミー	−0.309***	−0.753***	
	(0.0524)	(0.175)	
高専卒・短大卒ダミー	−0.0472	−0.262	
	(0.0600)	(0.204)	
大卒・大学院卒ダミー	0.306***	0.266	
	(0.0621)	(0.213)	
子どもの人数ダミー　ref. 0人ダミー			
1人ダミー	−0.524***	−1.498**	−1.297
	(0.188)	(0.665)	(0.814)
2人ダミー	−0.157	−0.987	−1.064
	(0.182)	(0.650)	(0.820)
3人以上ダミー	−0.278	−1.096*	−1.180
	(0.183)	(0.647)	(0.824)
夫の収入	−0.454***	−0.463***	−0.276***
	(0.0284)	(0.0578)	(0.0619)
Log likelihood	−11343	−8583	−3480
Observations	18,980	18,980	12,431
Number of ID		3,607	1,518

（出典）韓国労働パネル調査（Korean Labor and Income Panel Study: KLIPS）1998-2014 を
　　　用いて筆者作成
注1）*** は1％水準有意，** は5％水準有意，* は10％水準で有意であることを示す.
　　　上段は係数，下段の（　）の中はロバストな標準誤差である.
注2）Logit はロジットモデル，RE Logit は変量効果ロジットモデル，FE Logit は固定
　　　効果ロジットモデルの推定結果であることを示している. 上記の説明変数のほ
　　　か，年ダミーを使用している. 定数項は紙幅の関係で省略している.

図表 2.9　出産後の就業状況に関する推定結果（台湾）

被説明変数：就業ダミー	(T1)	(T2)	(T3)
分析対象		女性	
分析方法	Logit	RE Logit	FE Logit
出産前後ダミー　ref. 出産前ダミー			
出産年ダミー	0.127	0.149	0.967
	(0.397)	(0.663)	(1.075)
出産1年経過ダミー	−0.711*	−1.268**	0.160
	(0.402)	(0.540)	(1.571)
出産2年経過ダミー	−0.635	−0.955	0.636
	(0.414)	(0.581)	(1.634)
出産3年以上経過ダミー	−0.401	−0.892	0.512
	(0.390)	(0.752)	(1.913)
年齢階層ダミー　ref. 20代ダミー			
30代ダミー	0.0356	0.405	0.511
	(0.238)	(0.404)	(0.632)
40代ダミー	0.506	1.200*	−0.437
	(0.411)	(0.714)	(0.878)
学歴ダミー　ref. 中卒ダミー			
高卒ダミー	−0.463*	−0.741	
	(0.275)	(0.611)	
高専卒・短大卒ダミー	0.216	0.469	
	(0.295)	(0.645)	
大卒・大学院卒ダミー	0.912***	1.568**	
	(0.344)	(0.755)	
子どもの人数ダミー　ref. 0人ダミー			
1人ダミー	−0.395	−0.215	−1.253
	(0.328)	(0.544)	(1.257)
2人ダミー	−0.402	−0.393	−3.933*
	(0.282)	(0.535)	(2.148)
3人以上ダミー	−0.698**	−0.684	−6.755**
	(0.312)	(0.602)	(3.328)
夫の収入	−0.489***	−0.653**	−0.419
	(0.163)	(0.314)	(0.460)
Log likelihood	−569.1	−502.9	−102.1
Observations	1,126	1,126	872
Number of ID		333	202

（出典）家族のダイナミクスに関するパネル調査（Panel Study of Family Dynamics: PSFD）
　　　2001-2007 を用いて筆者作成
注1）*** は1％水準有意，** は5％水準有意，* は10％水準で有意であることを示す．
　　　上段は係数，下段の（　）の中はロバストな標準誤差である．
注2）Logit はロジットモデル，RE Logit は変量効果ロジットモデル，FE Logit は固定
　　　効果ロジットモデルの推定結果であることを示している．上記の説明変数のほ
　　　か，年ダミーを使用している．定数項は紙幅の関係で省略している．

第 2 章　女性の結婚・出産後の就業状況

人数が多いと就業しなくなることが確認されている．また，夫の収入の係数が（J1）と（J2）でマイナスであることから，妻は夫の収入が高いと就業しなくなることが確認された．しかし，固定効果ロジットモデルの（J3）ではプラスで有意でないことから，個人の異質性が強く影響している可能性がある．

　韓国の推定結果は，図表 2.8 に掲載している．韓国では，出産経過を示すダミー変数の係数が出産した年から一貫して就業確率がマイナスで有意であることから，韓国では，出産後に女性は就業しなくなることが確認された．その他有意な変数は，年齢階層ダミーでは 40 代ダミーがプラスで有意であり，20 代と比べて，40 代は就業確率が高いという結果を得ている．一方，30 代ではマイナスで有意な結果を得ており，年齢階層によって就業確率が異なることが確認された．学歴ダミーに関しては，高卒ダミーの係数がマイナス，大卒・大学院卒ダミーがプラスであり，中卒と比べて大卒・大学院卒は就業確率が高いことが確認された．なお，子どもの人数ダミーは 1 人の場合にマイナスで有意であるものの，固定効果ロジットモデルでは有意な結果を得られていないことから，子どもの人数の影響は個人の異質性によるところが大きいと考えられる．夫の収入の係数は全てのモデルにおいてマイナスで有意であり，妻の就業と夫の収入の間には負の相関があることが確認された．

　台湾の推定結果は，図表 2.9 に掲載している．台湾では，出産後に関するダミーの係数は（T1）と（T2）で，出産 1 年経過ダミーがマイナスで有意であるものの，固定効果モデルの（T3）では有意ではないことから，出産前と後では就業確率に有意な差はほとんどないことが確認された．その他の変数で有意な結果をみると，年利階層ダミーの係数が（T2）で 40 代ダミーがプラスで有意である．学歴ダミーの係数は，高卒ダミーの係数が（T1）ではマイナスで有意，大卒・大学院卒ダミーの係数が（T1）と（T2）ではプラスで有意である．子どもの人数ダミーは子どもが 2 人，3 人以上の係数がマイナスで有意なことから，子どもの人数が多くなるにつれて就業確率が下がっている．夫の収入は，（T1）と（T2）ではマイナスで有意であり，夫の収入が高いと妻の就業確率が低いという結果を得られている．しかし，固定効果ロジットモデルの（T3）では有意ではないという結果を得ている．

　以上の結果を総括すると，1）日本と韓国の女性は，結婚や出産を機に仕

39

事を止めてしまう傾向にあること，2）台湾の女性は，結婚後には結婚前よりも就業するようになり，出産後には出産前と比較して就業状況に有意な差はないことがわかった．以上の結果は，集計データによる分析から，M字カーブが日本と韓国でまだ窪みが深いのに対し，台湾では浅いことと一致している．

2.6 結論

　本章では，日本，韓国，台湾の家計パネル調査を用いて，結婚・出産後の女性の就業状況を比較したところ，日本と韓国では，結婚・出産前と比較して，結婚・出産後に女性の就業確率は低下していることが確認された．しかし，台湾ではそのような結果は得られておらず，第1章で女性の労働参加率が，台湾と比べると日本と韓国ではM字型をしていたことと一致する結果を得られた．

　また，子どもの人数の影響をみると，日本，韓国，台湾では子どもがいる方が就業確率は低いという結果を得ている．この解釈の一つとしては，子育て負担が重いために働きに出ることが難しいためであると考えられる．

　日本と韓国では，結婚・出産後に女性は就業しなくなる傾向が確認されたのに対し，台湾ではそのような傾向が確認されなかった背景には何が要因としてあるのだろうか．その要因の一つに，男女における学歴差が挙げられる．台湾では，男性よりも女性の高学歴化が著しく，そのことが女性の就業を促進している．一方，日本と台湾では，女性の高学歴化が男性の高学歴化を上回るほどには至っておらず，そのことが女性の就業行動の違いを生み出していると考えられる．次章では，夫婦の学歴差に着目し，日本，韓国，台湾における妻の就業行動の違いについて分析する．

第3章

夫婦の学歴と妻の就業状況

3.1 問題意識

　日本，韓国，台湾では，女性の就業と結婚・出産の両立が可能なように法制度の整備を行ってきた．しかし，第1章での集計データと第2章での個票データの両方の分析からは，日本と韓国では，結婚・出産後に女性は仕事を辞める傾向にあることを確認した．これには，法制度の不備などが影響している可能性がある．

　このほか，結婚・出産をした女性が仕事をやめてしまう理由の一つには，夫婦の学歴の違いがあることを指摘したい．近年の劇的な変化として，女性の高等教育機関への進学率の上昇が挙げられる．このことは，男女のパワーバランスにも影響し，これまでの性別役割分業が成立しなくなる可能性があり，女性の社会進出をさらに後押しすることになると考えられる．以下では，日本のJHPS/KHPS，韓国のKLIPS，台湾のPSFDを用いて，夫婦の学歴と妻の就業状況について確認する．

3.2 夫婦の学歴と女性の就業状況の概観

　近年，大学等の高等教育機関で教育を受ける女性が増えている．図表3.1では，日本，韓国，台湾，そしてアメリカの高等教育機関就学率の男女比の推移を示したものである．これをみると，右上がりのグラフから，女性の比率が年々上昇していることが確認できる．台湾では，すでに1995年から女性の就学率が男性の就学率を上回っている．このように，女性の高学歴化が進むにつれて，夫婦の学歴の差が縮まり，専業主婦世帯よりも共働き世帯の方が増えていることが考えられる．実際，日本では，図表3.2の専業主婦世

41

図表 3.1　高等教育機関就学率の男女比

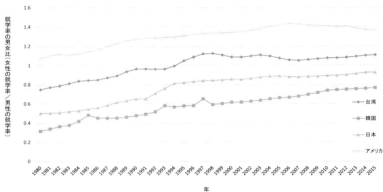

（出典）以下に挙げるデータを用いて筆者作成
　　　日本，韓国，アメリカ：国際連合教育科学文化機関（United Nations Educational, Scientific and Cultural Organization: UNESCO）database，台湾：statistics in Ministry of Education, Republic of China（Taiwan）

図表 3.2　専業主婦世帯数と共働き世帯数の推移

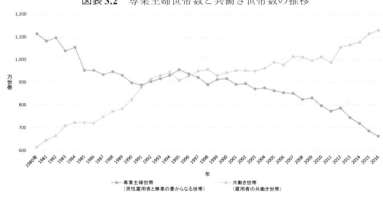

（出典）以下に挙げるデータを用いて筆者作成
　　　厚生労働省「厚生労働白書」，内閣府「男女共同参画白書」，総務省「労働力調査特別調査」，総務省「労働力調査（詳細集計）」
注1)「専業主婦世帯」は，夫が非農林業被雇用者で妻が非就業者（非労働力人口および完全失業者）の世帯．
注2)「共働き世帯」とは，夫婦ともに非農林業被雇用者の世帯．
注3) 2011 年は岩手県，宮城県および福島県を除く全国の結果．

帯数と共働き世帯数の推移のとおり，共働き世帯数が専業主婦世帯数を上
回っており，そのようなことが韓国や台湾でもみられる可能性がある．続い
ては，夫婦の学歴と妻の就業状況について，家計パネル調査の個票データを
用いて確認していく．

　図表3.3には，夫婦の学歴の分布を示している．これをみると，日本では，
学歴が同じ者同士で結婚をしていることがうかがえる．以後，学歴が同じ者
同士で結婚をすることを，「学歴同類婚」と呼ぶことにする．対して，韓国
や台湾では，日本と比較すると，学歴同類婚は少ないようである．なお，夫
婦の学歴のピアソン積率相関係数を求めると，日本で0.502，韓国で0.361，
台湾で0.267（全て1％水準有意）であることから，日本では夫婦の学歴の相
関が3カ国中で最も強いことも確認できる．

　図表3.4には，夫婦の学歴を比較して，学歴同類婚の場合，妻の学歴の方
が夫の学歴よりも高い場合，夫の学歴の方が妻の学歴よりも高い場合の該当
数と割合を示している．これをみると，夫婦が同じ学歴である学歴同類婚の
割合が最も高いのは日本であり，49.6％の夫婦が同じ学歴のもの同士で結婚
している．続いて高いのは韓国で39.4％，最も低いのは台湾で32.6％である．
妻の学歴の方が夫の学歴よりも高い場合の割合が最も高いのは台湾で
37.3％，続いて韓国の23.8％，日本の18.9％が続いている．夫の学歴の方が
妻の学歴よりも高い場合の割合が最も高いのは韓国であり36.9％，続いて日
本の31.5％，台湾の30.1％が続いている．

　日本では，割合が高い順に，学歴同類婚の場合，夫の学歴の方が妻の学歴
よりも高い場合，妻の学歴の方が夫の学歴よりも高い場合が並んでいる．日
本では，妻の学歴の方が夫の学歴よりも高い夫婦は少数派であり，他の2カ
国と比較しても，低い割合であることが確認できる．

　韓国でも，日本と同様に，学歴同類婚の場合が最も割合が高いことが確認
できる．続いて割合が高いのは，妻の学歴の方が夫の学歴よりも低い場合で
ある．しかし，若干ではあるが異なっている点もあり，韓国では，学歴同類
婚の場合の割合と妻の学歴の方が夫の学歴よりも低い場合の割合がそれぞれ
近い割合を示している．また，台湾ほどではないが，韓国における妻の学歴
の方が夫の学歴よりも高い夫婦は，日本よりも多いことがわかる．

図表 3.3　夫婦の学歴の分布

日本		夫				
		中卒	高卒	高専卒・短大卒	大卒・大学院卒	Total
妻	中卒	1,325	672	24	49	2,070
	高卒	1,175	7,726	792	2,754	12,447
	高専卒・短大卒	124	1,643	608	2,784	5,159
	大卒・大学院卒	6	368	147	2,399	2,920
	Total	2,630	10,409	1,571	7,986	22,596

韓国		夫				
		中卒	高卒	高専卒・短大卒	大卒・大学院卒	Total
妻	中卒	2,901	4,047	970	1,642	9,560
	高卒	1,168	10,833	3,906	8,710	24,617
	高専卒・短大卒	3,023	2,720	5,950	5,222	16,915
	大卒・大学院卒	4	570	411	6,481	7,466
	Total	7,096	18,170	11,237	22,055	58,558

台湾		夫				
		中卒	高卒	高専卒・短大卒	大卒・大学院卒	Total
妻	中卒	344	159	579	58	1,140
	高卒	136	452	197	142	927
	高専卒・短大卒	384	269	1,052	173	1,878
	大卒・大学院卒	0	7	49	215	271
	Total	864	887	1,877	588	4,216

（出典）日本：日本家計パネル調査（Japan Household Panel Survey/Keio Household Panel Survey: JHPS/KHPS）2004-2016，韓国：韓国労働パネル調査（Korean Labor and Income Panel Study: KLIPS）1998-2014 を用いて筆者作成，台湾：家族のダイナミクスに関するパネル調査（Panel Study of Family Dynamics: PSFD）2001-2007 を用いて筆者作成．サンプルを有配偶に限定している．

注）図表内の値は該当する夫婦の数を示している．

第3章　夫婦の学歴と妻の就業状況

図表3.4　夫婦の学歴の違い

夫婦の学歴	日本		韓国		台湾	
夫の学歴＝妻の学歴	12,432	49.6％	27,636	39.4％	2,490	32.6％
夫の学歴＜妻の学歴	4,745	18.9％	19,497	23.8％	2,851	37.3％
夫の学歴＞妻の学歴	7,911	31.5％	19,347	36.9％	2,303	30.1％

(出典) 日本：日本家計パネル調査（Japan Household Panel Survey /Keio Household Panel Survey: JHPS/KHPS) 2004-2016，韓国：韓国労働パネル調査（Korean Labor and Income Panel Study: KLIPS）1998-2014 を用いて筆者作成，台湾：家族のダイナミクスに関するパネル調査（Panel Study of Family Dynamics: PSFD）2001-2007 を用いて筆者作成．サンプルを有配偶に限定している．
注) 図表内の左側の値は該当する夫婦の数，右側の値はその割合を示している．

　台湾で最も多い組み合わせの夫婦は，妻の学歴の方が夫の学歴よりも高い夫婦であり，その次に同じ学歴の夫婦，夫の学歴の方が妻の学歴よりも高い夫婦が続いている．日本や韓国と比較して，台湾でも各割合に差はあるものの，その差は小さいことが確認できる．

　図表3.5には，学歴同類婚の場合，妻の学歴の方が夫の学歴よりも高い場合，夫の学歴の方が妻の学歴よりも高い場合に分けて，妻が就業する夫婦の該当数と割合を示している．これをみると，3つの場合のうち，日本と韓国では，妻の学歴の方が夫の学歴よりも低い場合に妻の就業割合が最も低いことが確認できる．これは，夫婦の学歴の違いが夫婦の稼得能力の違いを反映しているとした場合，性別役割分業に則って行動していることを表していると考えられる．

　対して，台湾では，妻の学歴の方が夫の学歴よりも高い場合に最も妻の就業割合が高いことがわかる．台湾で次に割合が高いのは，夫の学歴の方が妻の学歴よりも高い場合であり，台湾では，夫婦の学歴に差がある方が妻の就業割合が高くなっていることが確認できる．日本や韓国とは異なり，台湾では，夫婦で学歴にどのような違いがあろうとなかろうと，妻は就業している様子がうかがえ，性別役割分業とは異なる動機で行動している可能性がある．

　なお，韓国では妻の就業割合が30％代であり，3カ国中で最も低い値を示している．今回，サンプルを有配偶に限定しており，韓国の場合，結婚をす

45

図表 3.5　夫婦の学歴の違いと妻の就業状況

日本	夫の学歴＝妻の学歴		夫の学歴＜妻の学歴		夫の学歴＞妻の学歴	
無業	2,300	31.3%	1,041	31.9%	1,852	37.5%
就業	5,050	68.7%	2,226	68.1%	3,091	62.5%

韓国	夫の学歴＝妻の学歴		夫の学歴＜妻の学歴		夫の学歴＞妻の学歴	
無業	13,465	62.6%	3,317	63.1%	12,519	65.3%
就業	8,037	37.4%	1,943	36.9%	6,654	34.7%

台湾	夫の学歴＝妻の学歴		夫の学歴＜妻の学歴		夫の学歴＞妻の学歴	
無業	595	36.0%	684	27.7%	362	33.5%
就業	1,060	64.0%	1,785	72.3%	718	66.5%

（出典）日本：日本家計パネル調査（Japan Household Panel Survey /Keio Household Panel
　　　　Survey: JHPS/KHPS）2004–2016, 韓国：韓国労働パネル調査（Korean Labor and
　　　　Income Panel Study: KLIPS）1998–2014 を用いて筆者作成，台湾：家族のダイナ
　　　　ミクスに関するパネル調査（Panel Study of Family Dynamics: PSFD）2001–2007
　　　　を用いて筆者作成．サンプルを有配偶で，かつ妻の年齢が59歳以下に限定し
　　　　ている．
注）図表内の左側の値は該当する夫婦の数，右側の値はその割合を示している．

ると女性は働かなくなる傾向が顕著にみられることが確認された．

　日本，韓国，台湾では，法制度・政策が充実してきたにもかかわらず，女性の仕事と家庭の両立の問題は残されたままである．この要因の一つとして，本章では夫婦の学歴を取り上げた．

　日本，韓国，台湾では，夫婦の学歴の構成比に違いがみられた．また，夫婦の学歴の違いが夫婦の稼得能力の違いを反映している場合，性別役割分業に則って行動していることを表していると考えられる．日本と韓国では，妻の学歴の方が夫の学歴よりも低い場合に妻の就業割合が最も低いことがわかった．これは，性別役割分業に則って行動していることを表していると考えられる．対して，台湾では，夫婦で学歴にどのような違いがあろうとなかろうと，妻は就業していることから，性別役割分業とは異なる動機で行動していると考えられる．

　東アジアでは，高等教育機関に進学する女性が増え，そのことが夫婦のパ

第 3 章 夫婦の学歴と妻の就業状況

ワーバランスに影響を与えていると考えられる．高等教育機関に進学することは，人的資本蓄積を促し，女性の社会進出を促すことにつながる．また，これまでの性別役割分業も男女格差があったからこそ成り立っていたものの，男女格差が縮小しつつある現代では，成り立たなくなってきている．このような変化に伴い，人々の就業，結婚，出産の行動や価値観の変化も生じている．本章では，夫婦の学歴差が妻の就業状況に与える影響について，計量経済学的手法を用いて分析を行う．

3.3 先行研究

学歴同類婚については，その趨勢に関する研究が行われてきた．しかし，海外の研究と日本に限定した研究の両方で，学歴同類婚の趨勢に関しては，統一的な見解を得られていない．学歴同類婚の趨勢については，減少傾向であるとする研究（Ultee and Luijkx 1990; Raymo and Xie 2000; Miwa 2005, 2007; Smits and Park 2009, 三輪 2007a, 2007b），変わらないとする研究（Forse and Chauvel 1995; Jones 1987; 志田ほか 2000; 吉田 2011; 白波瀬 2011），増加傾向であるとする研究（Blossfeld and Timm 2003; Kalmijn 1991; Halpin and Chan 2003）に意見が分かれている．Smits（2003）では，日本は学歴同類婚が減少しているのに対し，韓国は増加していることが確認されている．Park and Smits（2005）では，韓国における学歴同類婚について，サンプルサイズが7万もの大規模データを用いて，学歴同類婚が増加傾向にあることを明らかにしている．

また，学歴同類婚の趨勢は，学歴別に異なった傾向を示している．短大・専門学校・大学といった高学歴層において学歴同類婚が増えている一方，低学歴層においては減少傾向にあると主張する研究もあれば（白波瀬 2005），大卒の学歴同類婚は減少傾向にあると主張する研究もある（鈴木 1991; 国立社会保障・人口問題研究所 2012）．福田ほか（2017）では，1980 年から 2010年までの国勢調査の個票データを用いて，日本における学歴同類婚の趨勢を確認している．分析結果からは，高卒同士の学歴同類婚が増加傾向，大卒同士の学歴同類婚が減少傾向にあることを明らかにしている．これに対応するように，2000 年以降，大卒女性で，妻の学歴の方が夫の学歴よりも高い学

47

歴下方婚が増えつつあることも確認している.

　学歴同類婚は，社会階層が固定的なのか，流動的なのかを示す尺度の一つである（Ultee and Luijkx 1990; Breen and Johnson 2005）.　最近では，学歴同類婚と経済格差仮説について研究しているものが増えている[27].　経済格差仮説とは，経済的不平等が大きい時期には集団間の社会的距離が大きくなるため，学歴同類婚の選好が強まるという仮説である（Blau 1977; Rytina et al. 1988; Smits et al. 1998）.　国際比較研究からは，所得格差が大きく，教育への経済的な見返りが大きい国ほど学歴同類婚の傾向が確認されている（Dahan and Gaviria 2001; Fernandez et al. 2005; Torche 2010）.　また，一国を対象とした研究においても，教育への経済的見返りと学歴同類婚の趨勢は同調する傾向が確認されている（Han 2010; Heaton and Mitchell 2012）.　Cancian and Reed（1998），Fernández and Rogerson（2001），Schwartz（2010）では，同類婚が増えると所得格差が広がることを述べている.　Greenwood et al.（2014）も，経済的な地位が異なる男女の結婚が増えると，経済格差が縮まるということが示唆されている.　1960年から2005年までのアメリカのセンサスデータを用いて，約50年間に高学歴同士の学歴同類婚が増加傾向にあることを確認している.　このことは，社会的背景が同じ者同士で結婚をする傾向にあることから，所得不平等を助長していると捉えられるが，妻が働くことで所得格差が縮小していることも明らかにしている.

3.4　データ・分析方法

　本章の分析で使用するデータの記述統計量は図表3.6のとおりである.

　夫婦の学歴差が妻の就業選択に影響を与えているのかを検証する際には，ロジットモデル，変量効果ロジットモデルの2つのモデルを推定する[28].　2つ

---

[27] 日本の所得格差研究をレビューした四方（2015）によると，各研究とも1980年から1990年頃までは年齢階層内における所得格差の拡大はみられないという点で見解が一致している.　しかし，利用するデータによって，同一年齢階層内における所得格差の拡大が1990年以降はじまったとする研究（岩本2000; 大竹・斉藤1999; 小塩2010; 白波瀬・竹内2009）と2000年以降はじまったとする研究（四方2013; 山口2014）に分かれる.

[28] 線形確率モデルでの推定に基づき，Breusch-Pagan検定を行った結果，推定モデル

第3章　夫婦の学歴と妻の就業状況

図表3.6　記述統計量

変数名	日本		韓国		台湾	
	平均値	標準偏差	平均値	標準偏差	平均値	標準偏差
就業ダミー	0.618	0.486	0.307	0.461	0.615	0.487
年齢階層ダミー　ref. 20代ダミー						
30代ダミー	0.286	0.452	0.339	0.474	0.492	0.500
40代ダミー	0.368	0.482	0.365	0.482	0.115	0.319
50代ダミー	0.284	0.451	0.225	0.417	0.321	0.467
学歴ダミー　ref. 中卒ダミー						
高卒ダミー	0.513	0.500	0.468	0.499	0.344	0.475
高専卒・短大卒ダミー	0.289	0.453	0.218	0.413	0.395	0.489
大卒・大学院卒ダミー	0.176	0.381	0.163	0.370	0.125	0.331
夫婦の学歴差ダミー						
ref. 夫の学歴＝妻の学歴ダミー						
夫の学歴＜妻の学歴ダミー	0.160	0.367	0.100	0.299	0.169	0.375
夫の学歴＞妻の学歴ダミー	0.349	0.477	0.426	0.494	0.300	0.458
子どもの人数ダミー　ref. 0人ダミー						
1人ダミー	0.224	0.417	0.099	0.298	0.113	0.316
2人ダミー	0.473	0.499	0.421	0.494	0.435	0.496
3人以上ダミー	0.188	0.391	0.474	0.499	0.394	0.489
夫の収入	6.093	0.571	5.417	0.641	10.588	0.787
Observations	9,827		24,479		1,659	

(出典) 日本：日本家計パネル調査（Japan Household Panel Survey/Keio Household Panel Survey: JHPS/KHPS）2004-2016，韓国：韓国労働パネル調査（Korean Labor and Income Panel Study: KLIPS）1998-2014 を用いて筆者作成，台湾：家族のダイナミクスに関するパネル調査（Panel Study of Family Dynamics: PSFD）2001-2007 を用いて筆者作成.
注) 年齢を20歳以上59歳以下に限定している．異常値は除いている．

　のモデルを用いる理由は，今回注目する学歴が時間一定の変数であるため，固定効果モデルを使用すると，定数項とともに推定から除外されてしまい，推定に使用することができないためである．

　学歴差については，第1章と同様，学歴同類婚の場合，妻の学歴の方が夫の学歴よりも高い場合，夫の学歴の方が妻の学歴よりも高い場合の3つに分けて，各ダミー変数の推定値の符号や有意性を確認する．次節では分析結果の確認とその解釈を行う．

――――――――――――――――
　には，変量効果モデルが採択されている．

$$\begin{cases} W_{it} = 1 \text{ if } W_{it}^* > 0 \\ W_{it} = 0 \text{ if } W_{it}^* \leqq 0 \end{cases}$$

$$W_{it}^* = \beta_1 + \beta_2 G1_i + \beta_3 G2_i + \sum_{n=4}^{N} \beta_n X_{nit} + \alpha_i + t_t + e_{it} \qquad (3.1)$$

W_{it} は就業していれば1，就業していなければ0を示す就業ダミーであり，W_{it}^* は潜在変数，W_{it} は実際の選択を示している．$G1_i, G2_i$ は夫婦の学歴差ダミーであり，学歴同類婚の場合をレファレンスとし，$G1_i$ は妻の学歴の方が夫の学歴よりも高い場合を1，それ以外を0とするダミー変数である．$G2_i$ は夫の学歴の方が妻の学歴よりも高い場合を1，それ以外を0とするダミー変数である．X_{nit} はコントロール変数であり，具体的には，年齢階層ダミー（20代，30代，40代，50代．20代がレファレンス），学歴ダミー（中卒，高卒，短大卒・高専卒，大卒・大学院卒．中卒がレファレンス），子どもの人数ダミー（0人，1人，2人，3人以上．0人がレファレンス），そして，夫の収入[29]を使用する．β_n $(n = 1, \cdots, N)$ はパラメータである．α_i は個別効果，t_t は年効果，e_{it} は誤差項である．添え字の i は個人，t は年を表す．$G1_i, G2_i$ のパラメータ β_2, β_3 がマイナスで有意である場合，夫婦の学歴差によって妻の就業が抑制されていることを示し，プラスで有意である場合，妻の就業が促進されていることを示す．以上で説明してきたデータと分析方法を用いて，次節では，分析結果の解釈を行う．

3.5　分析結果

　分析結果は，図表3.7，図表3.8，図表3.9に掲載している．図表3.7の分析結果からは，日本は，夫の学歴と妻の学歴が同じ場合と比べて，夫の学歴の方が妻の学歴よりも高い場合に就業確率が有意に低いことが確認されている．一方，妻の学歴の方が夫の学歴よりも高い場合は有意ではない．その他の有意な変数の結果をみると，年齢階層ダミーでは30代ダミー，40代ダミー，50代ダミーの係数がプラスであり，年齢が上がるにつれて就業確率

---

[29] 夫の収入は，国ごとに，消費者物価指数でデフレートし，対数変換を行って作成している．

が高くなることが確認された．最も係数のプラスの値が高いのは 40 代であり，40 代を境に，年齢が就業確率に与えるプラスの影響は小さくなる傾向にある．妻の学歴ダミーは（J1）の高卒ダミーと高専・短大卒ダミーの係数がプラスで有意なことから，中卒と比べてこれらの学歴の女性は就業確率が高いことが確認された．子どもの人数ダミーはマイナスで有意であり，子どもがいないよりもいる方が就業確率は低いことがわかった．また，子どもの人数の違いによる影響を確認すると，子どもの人数が 1 人のケースが最も係数のマイナスの値は大きく，続いてマイナスの値が大きいのは 2 人，3 人以上であることがわかった．就業確率が最も低いのは子どもの人数が 1 人のケースであり，子どもの人数が増えていくにつれて，就業確率へのマイナスの影響は小さくなっている．夫の収入の係数は（J1）においてマイナスで有意であり，夫の収入が高いと妻の就業が抑制されることが確認された．

　図表 3.8 の韓国の推定結果をみると，夫婦の学歴の差に関連するダミーの推定結果は，夫の学歴の方が妻の学歴よりも高い場合に就業確率が有意に低いことが確認されている．一方，妻の学歴の方が夫の学歴よりも高い場合は有意ではなく，日本と同じ結果を得ている．その他の有意な変数の結果をみると，年齢階層ダミーでは，40 代ダミーの係数がプラス，50 代ダミーの係数がマイナスであり，年齢階層ごとに就業確率に違いがあることを確認できる．妻の学歴ダミーは高卒ダミーと高専・短大卒ダミーの係数がマイナスで有意なことから，中卒と比べてこれらの学歴の女性は就業確率が低いことが確認された．子どもの人数ダミーはマイナスで有意であり，子どもがいる方が就業確率は低いことがわかった．夫の収入の係数はマイナスで有意であり，夫の収入が高いと妻の就業が抑制されることが確認された．

　図表 3.9 の台湾の推定結果からは，夫婦の学歴が同じ場合と異なる場合では，妻の就業確率に有意な差はみられていない．この結果は，台湾では，夫婦の学歴と妻の就業確率には関係性がないことを示しており，日本と比べると，学歴による性別役割分業は行われていないことが確認された．その他の有意な変数の結果をみると，年齢階層ダミーでは 30 代ダミー，40 代ダミー，50 代ダミーの係数がプラスであり，20 代と比べると，これらの年齢階層では就業確率が高いことが確認された．最も就業確率が高いのは 40 代であり，

40代をピークに就業確率は下がる傾向にある．妻の学歴ダミーは高卒ダミーの係数がマイナスで有意なことから，中卒と比べてこれらの学歴の女性は就業確率が低いことが確認された．大卒・大学院卒ダミーの係数もロジットモデルの結果（T1）ではプラスで有意なものの，ランダム効果モデルでの推定では有意な結果を得ていない．子どもの人数ダミーはマイナスで有意であり，子どもがいる方が就業確率は低いことがわかった．特に，子どもの人数が3人以上いる場合は，就業確率が低くなることが，（T1）と（T2）の両方の推定結果から確認できる．夫の収入の係数は有意でないことから，夫の収入は妻の就業に影響を与えていないことが確認された．

　以上でみてきたとおり，日本と韓国では，夫の学歴の方が妻の学歴よりも高い場合に妻の就業確率が低いことが確認された．しかし，台湾では，そのような結果は得られておらず，夫婦の学歴差に関係なく，妻の就業は選択されることがわかった．このような違いがみられた理由には，日本や韓国ではまだ性別役割分業意識が根付いているためであると考える．

　永瀬（2012）では，第1子出産後の就業状況を分析しており，日本では，夫の学歴が高いほど妻の就業確率が低くなる傾向があることを確認している．韓国（ソウル）では，夫の学歴の結果は有意ではなく，中国（北京）では，夫の学歴が高くなるほど妻の就業確率が高くなるという結果を得ており，日本については本研究と似た結果を得ている．また，Yu（2009, Chapter 7）では，日本と台湾の高等教育と男女間格差について分析しており，台湾でみられる女性の高等教育機関への進学の急増は，女性の就業促進につながっていることが述べられている．その一方，日本でも女性の高等教育機関への進学は増加しており，短大を含むと5割を超えるようになってきているものの，女性の高学歴化が女性の就業に与える影響は，台湾と比べるとインパクトは小さいことが指摘されている．日本において，女性の高学歴化は，男女間格差の縮小にある程度寄与しているものの，大きなインパクトになっていないことは，台湾との大きな違いである．

第 3 章　夫婦の学歴と妻の就業状況

図表3.7　夫婦の学歴差と妻の就業状況に関する推定結果（日本）

被説明変数：就業ダミー	(J1)	(J2)
分析対象	女性	
分析方法	Logit	RE Logit
夫婦の学歴差ダミー　ref. 夫の学歴＝妻の学歴ダミー		
夫の学歴＜妻の学歴ダミー	0.00803	0.291
	(0.0688)	(0.373)
夫の学歴＞妻の学歴ダミー	−0.283***	−0.976***
	(0.0526)	(0.293)
年齢階層ダミー　ref. 20代ダミー		
30代ダミー	0.0990	0.477*
	(0.0910)	(0.268)
40代ダミー	0.930***	2.146***
	(0.0938)	(0.313)
50代ダミー	0.677***	1.630***
	(0.0938)	(0.341)
学歴ダミー　ref. 中卒ダミー		
高卒ダミー	0.437***	1.179
	(0.153)	(0.719)
高専卒・短大卒ダミー	0.284*	0.620
	(0.158)	(0.747)
大卒・大学院卒ダミー	0.246	0.310
	(0.162)	(0.766)
子どもの人数ダミー　ref. 0人ダミー		
1人ダミー	−0.489***	−2.171***
	(0.0813)	(0.307)
2人ダミー	−0.107	−1.724***
	(0.0771)	(0.346)
3人以上ダミー	−0.0722	−1.423***
	(0.0867)	(0.401)
夫の収入	−0.392***	−0.210
	(0.0505)	(0.142)
Log likelihood	−6252	−4020
Observations	9,827	9,827
Number of ID		1,979

（出典）日本家計パネル調査（Japan Household Panel Survey/Keio Household Panel Survey:
　　　　JHPS/KHPS）2004–2016 を用いて筆者作成

注1）*** は1％水準有意，** は5％水準有意，* は10％水準で有意であることを示す．
　　　上段は係数，下段の（　）の中はロバストな標準誤差である．

注2）Logit はロジットモデル，RE Logit は変量効果ロジットモデル，FE Logit は固定
　　　効果ロジットモデルの推定結果であることを示している．上記の説明変数の他，
　　　年ダミーを使用している．定数項は紙幅の関係で省略している．

図表**3.8**　夫婦の学歴差と妻の就業状況に関する推定結果（韓国）

被説明変数：就業ダミー	(K1)	(K2)
分析対象	女性	
分析方法	Logit	RE Logit
夫婦の学歴差ダミー　ref. 夫の学歴＝妻の学歴ダミー		
夫の学歴＜妻の学歴ダミー	−0.00816	−0.178
	(0.0527)	(0.189)
夫の学歴＞妻の学歴ダミー	−0.195***	−0.304**
	(0.0341)	(0.121)
年齢階層ダミー　ref. 20代ダミー		
30代ダミー	0.0574	−0.185
	(0.0636)	(0.144)
40代ダミー	0.437***	0.357**
	(0.0644)	(0.158)
50代ダミー	−0.299***	−0.533***
	(0.0697)	(0.178)
学歴ダミー　ref. 中卒ダミー		
高卒ダミー	−0.387***	−0.781***
	(0.0443)	(0.154)
高専卒・短大卒ダミー	−0.164***	−0.454**
	(0.0507)	(0.178)
大卒・大学院卒ダミー	0.0481	−0.0370
	(0.0593)	(0.213)
子どもの人数ダミー　ref. 0人ダミー		
1人ダミー	−0.462**	−1.557**
	(0.182)	(0.625)
2人ダミー	−0.142	−1.125*
	(0.176)	(0.618)
3人以上ダミー	−0.341*	−1.352**
	(0.176)	(0.615)
夫の収入	−0.409***	−0.446***
	(0.0235)	(0.0518)
Log likelihood	−14520	−10811
Observations	24,479	24,479
Number of ID		4,333

（出典）韓国労働パネル調査（Korean Labor and Income Panel Study: KLIPS）1998-2014 を
　　　用いて筆者作成
注1）*** は1％水準有意，** は5％水準有意，* は10％水準で有意であることを示す．
　　　上段は係数，下段の（　）の中はロバストな標準誤差である．
注2）Logit はロジットモデル，RE Logit は変量効果ロジットモデル，FE Logit は固定
　　　効果ロジットモデルの推定結果であることを示している．上記の説明変数の他，
　　　年ダミーを使用している．定数項は紙幅の関係で省略している．

第3章　夫婦の学歴と妻の就業状況

図表3.9　夫婦の学歴差と妻の就業状況に関する推定結果（台湾）

被説明変数：就業ダミー	（T1）	（T2）
分析対象	女性	
分析方法	Logit	RE Logit
夫婦の学歴差ダミー　ref. 夫の学歴＝妻の学歴ダミー		
夫の学歴＜妻の学歴ダミー	0.160	0.150
	(0.153)	(0.249)
夫の学歴＞妻の学歴ダミー	0.182	0.292
	(0.128)	(0.225)
年齢階層ダミー　ref. 20代ダミー		
30代ダミー	0.236	0.609**
	(0.203)	(0.256)
40代ダミー	0.847***	1.578***
	(0.278)	(0.396)
50代ダミー	0.511**	0.926***
	(0.248)	(0.352)
学歴ダミー　ref. 中卒ダミー		
高卒ダミー	−0.617***	−0.806***
	(0.187)	(0.303)
高専卒・短大卒ダミー	−0.291	−0.290
	(0.181)	(0.290)
大卒・大学院卒ダミー	0.475**	0.623
	(0.239)	(0.393)
子どもの人数ダミー　ref. 0人ダミー		
1人ダミー	−0.588**	−0.515
	(0.271)	(0.391)
2人ダミー	−0.451*	−0.532
	(0.244)	(0.365)
3人以上ダミー	−0.785***	−0.858**
	(0.258)	(0.384)
夫の収入	−0.101	−0.132
	(0.0803)	(0.121)
Log likelihood	−1024	−973.9
Observations	1,659	1,659
Number of ID		499

（出典）家族のダイナミクスに関するパネル調査（Panel Study of Family Dynamics: PSFD）
　　　　2001-2007を用いて筆者作成
注1）***は1％水準有意，**は5％水準有意，*は10％水準で有意であることを示す．
　　　上段は係数，下段の（　）の中はロバストな標準誤差である．
注2）Logitはロジットモデル，RE Logitは変量効果ロジットモデル，FE Logitは固定
　　　効果ロジットモデルの推定結果であることを示している．上記の説明変数の他，
　　　年ダミーを使用している．定数項は紙幅の関係で省略している．

55

3.6 結論

　本章では，日本，韓国，台湾で，夫婦の学歴の違いが妻の就業に及ぼす影響を検証した．分析の結果，日本と韓国では，夫の学歴の方が妻の学歴よりも高い場合に，妻は就業しなくなる傾向が確認された．その一方，台湾では，夫婦の学歴差と妻の就業選択との間には有意な関係性はみられないことがわかった．台湾では，高等教育機関で勉強する女性が男性を上回っており，そのことも相まって，女性の就業を促している．今後，日本や韓国でも男女の高等教育機関への進学率の差が縮まっていくことになれば，男女の稼得能力の差が縮まり，台湾同様，既婚女性の就業者は増えていくことが予想される．

　日本と韓国，そして台湾との間に違いがみられた理由の一つには，日本や韓国ではまだ性別役割分業意識が根付いているためであると考える．上述したとおり，台湾では男性よりも女性のほうが高学歴化は進展しており，そのことが，女性が労働市場に進出することへの忌避感を和らげている要因の一つとも考えられる．次章では，日本，韓国，台湾における男女の就業，結婚，出産の価値観の違いに着目し，主観的厚生の比較分析を行う．

第 4 章

女性の就業，結婚，出産と生活満足度

4.1　問題意識

　欧米諸国と比べて，アジア諸国では，婚姻状況と出産が密接に関係している．本書で注目する日本，韓国，台湾では，女性の高学歴化と社会進出が進んでおり，これに伴い，晩婚化・未婚化が進み，出生率も低下するという悪循環が起こっている．このような状況において，これら 3 カ国の男女の就業，結婚，出産に対する価値観が変化してきている可能性がある．本章では，3 カ国の男女の主観的厚生 [30]（Subjective well-being．ここでは生活満足度を分析に用いる）を比較し，就業，結婚，出産に関する価値観の違いを明らかにする．

4.2　先行研究

　就業，結婚，出産が主観的厚生に与える影響については，2000 年以降，実証研究が蓄積されている．経済学において，結婚・出産を選択するかどうかは，結婚・出産前の効用よりも結婚・出産後の効用の方が高いかどうかで

---

[30] 主観的厚生とは，生活満足度や幸福度など，自らの生活全体やその一部（就業，結婚，出産等）に対する良いと思っている度合いのことである．最近，経済学の分野では主観的厚生に関する研究が増えている．この背景には，経済的な豊かさと人々の幸せが必ずしも連動していないことが Easterlin Paradox（Easterlin 1974）として認知されるようになっていることがある．それに伴い，2008 年には，当時のフランス大統領ニコラス・サルコジが諮問して行われた委員会では，国内総生産による経済・社会の状況把握の限界が指摘され，これまでの客観的尺度に加え，主観的厚生も用いることが推奨されている（Stiglitz et al. 2010）．日本では，橘木（2013），大垣・田中（2014），小塩（2014）が主観的厚生について言及している．

決定されると考えられている．これに対し，既存の主観的厚生に関する実証研究では，結婚あるいは出産をしてもその時だけ生活満足度は高まるが，その後に低下するセットポイント仮説[31]が検証されている．Zimmermann and Easterlin（2006）では，ドイツにおける生活満足度と同居，結婚，離婚との関係を，それらイベント前後における生活満足度の変化をみることで分析している．結婚に関する分析結果からは，結婚後2年間が経過するまではいわゆるハネムーン期間に当たるため，生活満足度は高まるが，その後，結婚1年前の生活満足度の水準に戻ることが明らかにされている．Lucas and Clark（2006）でも，結婚の生活満足度を引き上げる効果は一時的なもので，上昇し続けることはないと述べている．しかし，分析結果からは，彼らが分析上定めた生活満足度の水準である結婚3年前よりも，結婚2年後の生活満足度の水準の方が高いことが確認されている．これは，同じパネルデータを使用して分析したLucas et al.（2003）における，有配偶者は無配偶者よりも生活満足度が高いという結論と，結婚の前後数年間という限られた期間内において，一致しているともいえる．

　このように，先行研究からは，結婚が生活満足度を上昇させ，高い水準に留めるかどうかについて，統一的な見解は得られていない．また，以上の先行研究は，所得や時間配分といった観察可能な要因，そして個々人の感性などのような個人の異質性といった観察不可能な要因を考慮した分析を行っていない点で，課題が残されている．さらに，女性の生涯におけるイベントの中でも，結婚と並んで大きな影響を与える出産前後の生活満足度の動きを分析していない．

　続いて，セットポイント仮説を検証した研究のように，結婚・出産前後の各時期における生活満足度・幸福度の推移については分析していないが，生活満足度・幸福度に影響を与える結婚・出産以外の要因について分析した先

---

[31] 主観的厚生の研究分野で検証されているセットポイント仮説とは，主観的厚生は一定の水準（セットポイント）になるよう設定されており，もしショックが生じて主観的厚生が変動したとしても，いずれはセットポイントに水準が戻るという仮説である．このほか，医療分野においてもセットポイント仮説は検証されており，たとえば，体重のリバウンド等に関する研究で用いられている．

第4章　女性の就業，結婚，出産と生活満足度

行研究を紹介する．山口（2009）では，夫婦関係満足度を経済的幸福度と精神的幸福度に分解し，その要因と妻の出産に与える影響について明らかにするために，個人の異質性を考慮する固定効果モデルによる分析を行っており，そこからは，夫婦関係満足度が高いと第1子と第2子の出産意欲を高めることが確認されている．白石・白石（2010）は，幸福度・生活満足度の推定結果からは，夫と妻の等価所得・等価消費が幸福度・生活満足度と正の関係にあること，そして有配偶者の方が幸福度・生活満足度は高いことが確認されている．また，就業することにより幸福度は低下するが，同じ就業者でも，無配偶女性よりも有配偶女性の方が幸福度の低下幅が小さいことも明らかにしている．他にも，子どもがいることで幸福度は高まるが，生活満足度は下がることや，夫の家事・育児への参加の度合いが高いと有配偶女性の幸福度は高まることも示している．

4.3　データ・分析方法

　使用するデータは，第2章でも使用したJHPS/KHPS, KLIPS, PSFDの個票データである．これらパネルデータを用いて，日本，韓国，台湾の就業，結婚，出産が生活満足度に与える影響について比較する．

　本章では，3カ国で共通して調査されている生活満足度を主観的厚生変数として用いる．分析に使用する場合は，3カ国で生活満足度のスケールが異なっていることを受け，標準化をすることにより，異なるスケールで調査された生活満足度を比較可能にした．

　図表4.1，図表4.2には，結婚後と出産後の生活満足度に関する推定に使用するデータの記述統計量を示している．

　生活満足度の推定式は以下のとおりである．

$$H_{it} = \beta_1 + \beta_2 E0_{it} + \beta_3 E1_{it} + \beta_4 E2_{it} + \beta_5 E3_{it} + \sum_{n=6}^{N} \beta_n X_{nit} + \alpha_i + t_t + e_{it} \tag{4.1}$$

H_{it}は生活満足度であり，生活に満足していると高い値を取る変数である．

図表4.1　結婚後の生活満足度に関する推定に使用するデータの記述統計量

変数名	日本 女性 平均値	標準偏差	日本 男性 平均値	標準偏差	韓国 女性 平均値	標準偏差	韓国 男性 平均値	標準偏差	台湾 女性 平均値	標準偏差	台湾 男性 平均値	標準偏差
生活満足度	0.249	0.672	0.154	0.653	0.158	0.427	0.167	0.422	0.415	0.677	0.318	0.698
結婚前後ダミー	0.032	0.177	0.034	0.181	0.122	0.327	0.123	0.328	0.018	0.134	0.028	0.164
ref. 結婚前ダミー												
結婚年ダミー												
結婚1年経過ダミー	0.031	0.174	0.030	0.171	0.102	0.302	0.099	0.299	0.148	0.355	0.155	0.362
結婚2年経過ダミー	0.092	0.289	0.094	0.292	0.081	0.272	0.073	0.261	0.126	0.332	0.126	0.332
結婚3年以上経過ダミー	0.623	0.485	0.590	0.492	0.552	0.497	0.425	0.494	0.511	0.500	0.499	0.500
年齢階層ダミー	0.265	0.442	0.265	0.441	0.307	0.461	0.358	0.479	0.361	0.480	0.426	0.495
ref. 20代ダミー												
30代ダミー												
40代ダミー	0.349	0.477	0.345	0.475	0.319	0.466	0.267	0.442	0.136	0.343	0.139	0.346
50代ダミー	0.289	0.453	0.304	0.460	0.208	0.406	0.177	0.382	0.452	0.498	0.392	0.488
学歴ダミー	0.483	0.500	0.447	0.497	0.319	0.466	0.310	0.463	0.266	0.442	0.345	0.475
ref. 中卒ダミー												
高卒ダミー												
高専卒・短大卒ダミー	0.285	0.451	0.075	0.264	0.162	0.369	0.180	0.384	0.421	0.494	0.325	0.468
大卒・大学院卒ダミー	0.216	0.411	0.460	0.498	0.422	0.494	0.432	0.495	0.150	0.357	0.158	0.365
子どもの人数ダミー	0.203	0.403	0.178	0.383	0.095	0.294	0.066	0.248	0.095	0.294	0.120	0.325
ref. 0人ダミー												
1人ダミー												
2人ダミー	0.383	0.486	0.331	0.471	0.386	0.487	0.248	0.432	0.328	0.469	0.321	0.467
3人以上ダミー	0.155	0.362	0.147	0.355	0.509	0.500	0.677	0.468	0.417	0.493	0.343	0.475
等価世帯所得	5.439	0.793	5.668	0.625	4.768	0.679	4.796	0.623	9.535	0.890	9.938	0.697
就業状態ダミー	0.487	0.500	0.087	0.282	0.088	0.283	0.130	0.336	0.918	0.274	0.938	0.241
ref. 正規就業ダミー												
非正規就業ダミー												
無業ダミー	0.254	0.436	0.028	0.164	0.668	0.471	0.250	0.433	0.043	0.203	0.011	0.105
Observations	5,289		5,333		38,196		43,070		1,261		1,982	

(出典) 日本：日本家計パネル調査（Japan Household Panel Survey/Keio Household Panel Survey: JHPS/KHPS）2004–2016,
韓国：韓国労働パネル調査（Korean Labor and Income Panel Study: KLIPS）1998–2014 を用いて筆者作成, 台湾：家族のダイナミクスに関するパネル調査（Panel Study of Family Dynamics: PSFD）2001–2007 を用いて筆者作成.
注) 年齢を20歳以上59歳以下に限定している. 異常値は除いている.

$E0_{it}$, $E1_{it}$, $E2_{it}$, $E3_{it}$ は結婚[32]・出産[33]イベントダミーであり, 結婚後の女性の就業状況に関する推定の場合には, $E0_{it}$ は結婚直後の場合1, それ以外0, $E1_{it}$

---

[32] 結婚ダミーには, 新婚と再婚の両方を含んでおり, 新婚か再婚かによらず, 結婚した場合1, 結婚していない場合0の値が入るように, ダミー変数を作成している. 再婚, または, 結婚の前に出産をしていることも考えられることから, 分析では子どもの人数ダミーをコントロールしている.

[33] 出産ダミーは, 第何子目の出産かによらず, 出産した場合1, 出産していない場合0の値が入るように, ダミー変数を作成している.

第4章　女性の就業，結婚，出産と生活満足度

図表 4.2　出産後の生活満足度に関する推定に使用するデータの記述統計量

変数名	日本 女性 平均値	標準偏差	男性 平均値	標準偏差	韓国 女性 平均値	標準偏差	男性 平均値	標準偏差	台湾 女性 平均値	標準偏差	男性 平均値	標準偏差
生活満足度	0.301	0.690	0.261	0.654	0.173	0.426	0.219	0.422	0.442	0.705	0.287	0.732
出産前後ダミー	0.030	0.171	0.033	0.178	0.039	0.195	0.065	0.247	0.026	0.160	0.049	0.217
ref. 出産前ダミー												
出産年ダミー												
出産1年経過ダミー	0.034	0.181	0.030	0.171	0.034	0.180	0.053	0.223	0.032	0.177	0.073	0.261
出産2年経過ダミー	0.041	0.198	0.046	0.210	0.028	0.165	0.045	0.208	0.040	0.197	0.088	0.283
出産3年以上経過ダミー	0.161	0.368	0.210	0.408	0.135	0.341	0.178	0.382	0.034	0.182	0.096	0.295
年齢階層ダミー	0.366	0.482	0.367	0.482	0.440	0.496	0.492	0.500	0.667	0.472	0.683	0.466
ref. 20代ダミー												
30代ダミー												
40代ダミー	0.583	0.493	0.595	0.491	0.458	0.498	0.446	0.497	0.266	0.442	0.290	0.454
学歴ダミー	0.494	0.500	0.444	0.497	0.502	0.500	0.311	0.463	0.403	0.491	0.394	0.489
ref. 中卒ダミー												
高卒ダミー												
高専卒・短大卒ダミー	0.301	0.459	0.083	0.276	0.188	0.390	0.141	0.348	0.345	0.476	0.260	0.439
大卒・大学院卒ダミー	0.198	0.399	0.461	0.499	0.178	0.382	0.483	0.500	0.167	0.374	0.166	0.372
子どもの人数ダミー	0.212	0.409	0.211	0.408	0.105	0.306	0.102	0.302	0.141	0.349	0.214	0.410
ref. 0人ダミー												
1人ダミー												
2人ダミー	0.498	0.500	0.448	0.497	0.412	0.492	0.335	0.472	0.520	0.500	0.474	0.500
3人以上ダミー	0.191	0.393	0.223	0.416	0.470	0.499	0.551	0.497	0.246	0.431	0.203	0.403
等価世帯所得	5.609	0.658	5.750	0.461	4.888	0.624	4.920	0.548	9.577	0.768	9.975	0.541
就業状態ダミー	0.493	0.500	0.034	0.181	0.072	0.258	0.092	0.289	0.948	0.223	0.950	0.219
ref. 正規就業ダミー												
非正規就業ダミー												
無業ダミー	0.348	0.477	0.013	0.111	0.721	0.449	0.222	0.416	0.016	0.126	0.005	0.069
Observations	2,719		2,558		24,980		22,882		496		832	

(出典) 日本：日本家計パネル調査 (Japan Household Panel Survey/Keio Household Panel Survey: JHPS/KHPS) 2004–2016. 韓国：韓国労働パネル調査 (Korean Labor and Income Panel Study: KLIPS) 1998–2014 を用いて筆者作成，台湾：家族のダイナミクスに関するパネル調査 (Panel Study of Family Dynamics: PSFD) 2001–2007 を用いて筆者作成.
注) 年齢を20歳以上49歳以下に限定している．異常値は除いている．

は結婚後の経過年数が1年の場合1，それ以外0，$E2_{it}$ は結婚後の経過年数が2年の場合1，それ以外0，$E3_{it}$ は結婚後の経過年数が3年以上の場合1，それ以外0を示すダミー変数を使用する（出産の場合も同様）．X_{nit} はコントロール変数であり，具体的には，年齢階層ダミー（20代，30代，40代，50代．20代がレファレンス），学歴ダミー（中卒，高卒，短大卒・高専卒，大卒・大学院卒．中卒がレファレンス），子どもの人数ダミー（0人，1人，2人，3人

61

以上．0人がレファレンス），そして，出産後の推定には，等価世帯所得[34]，就業状態ダミー（正規就業，非正規就業，無業．正規就業がレファレンス）を使用する．$\beta_n (n = 1, \dots N)$ はパラメータである．α_i は個別効果，t_t は年効果，e_{it} は誤差項である．添え字の i は個人，t は年を表す．$E0_{it}, E1_{it}, E2_{it}, E3_{it}$ のパラメータ $\beta_2, \beta_3, \beta_4, \beta_5$ がマイナスで有意である場合，結婚・出産によって生活満足度が低下していることを示す．以上で説明してきたデータと分析方法を用いて，次節では，分析結果の解釈を行う．

　就業，結婚，出産が主観的厚生に与える影響を考慮する際には，内生性の問題を考慮する必要がある．内生性とは，たとえば，主観的厚生水準を高く答える者はもともと楽観的な性格をしているためなど，考え方などの個人の観察されない異質性が主観的厚生に影響を及ぼしているのではないかという問題や，結婚をしている人は幸せなのか，それとも幸せな人が結婚をする傾向にあるのかといった逆の因果関係を考慮する必要がある問題を指す．これらの問題に関しては，本研究の扱うデータのパネルデータという特性を活かし，順序ロジットモデルやデータをプーリングデータとして用いた最小二乗法（Ordinary Least Squares Method: OLS）のほか，変量効果 OLS，固定効果 OLS を推定することにより対処する[35]．

4.4　分析結果

4.4.1　結婚後の生活満足度

　図表4.3，図表4.4，図表4.5 には，それぞれ日本，韓国，台湾の結婚後の生活満足度に関する推定結果を示している．図表4.3 の日本の推定結果からは，男女とも，結婚前よりも結婚をした年以降は生活満足度が上がっていることが確認できる．しかし，係数の大きさからは，結婚をした年以降から係数の値が下がっていることが確認できる．その他の有意な結果を示す変数の影響についてみていく．年齢階層ダミーの結果をみると，20代と比べて年

---

[34] 等価世帯所得は，国ごとに，消費者物価指数でデフレートし，対数変換を行い，世帯人数の平方根を取った値で除した値を用いている．

[35] F検定，Breusch-Pagan 検定，Hausman 検定を行った結果，3つのモデルのうち，固定効果モデルが採択されている．

第4章　女性の就業，結婚，出産と生活満足度

図表4.3　結婚後の生活満足度に関する推定結果（日本）

被説明変数：生活満足度	（J1）	（J2）	（J3）	（J4）	（J5）	（J6）	（J7）	（J8）
分析対象	女性				男性			
分析方法	OLogit	OLS	RE OLS	FE OLS	OLogit	OLS	RE OLS	FE OLS
結婚前後ダミー ref. 結婚前ダミー 結婚年ダミー	0.771***	0.257***	0.262***	0.283**	1.226***	0.423***	0.388***	0.445***
	(0.170)	(0.0640)	(0.0631)	(0.113)	(0.174)	(0.0600)	(0.0591)	(0.0927)
結婚1年経過ダミー	0.671***	0.225***	0.204***	0.195	0.726***	0.267***	0.271***	0.355***
	(0.183)	(0.0654)	(0.0674)	(0.128)	(0.200)	(0.0660)	(0.0679)	(0.102)
結婚2年経過ダミー	0.528***	0.193***	0.225***	0.228*	0.611***	0.227***	0.234***	0.337***
	(0.120)	(0.0440)	(0.0506)	(0.121)	(0.131)	(0.0458)	(0.0519)	(0.0999)
結婚3年以上経過ダミー	0.283***	0.0949***	0.136***	0.131	0.551***	0.191***	0.209***	0.336***
	(0.0882)	(0.0324)	(0.0454)	(0.122)	(0.102)	(0.0349)	(0.0458)	(0.101)
年齢階層ダミー ref. 20代ダミー 30代ダミー	−0.274***	−0.124***	−0.101**	−0.0465	−0.306***	−0.0991***	−0.0363	0.103
	(0.102)	(0.0371)	(0.0434)	(0.0689)	(0.110)	(0.0377)	(0.0467)	(0.0711)
40代ダミー	−0.558***	−0.225***	−0.176***	−0.0667	−0.575***	−0.189***	−0.0930*	0.136
	(0.108)	(0.0390)	(0.0472)	(0.0841)	(0.114)	(0.0387)	(0.0489)	(0.0852)
50代ダミー	−0.463***	−0.190***	−0.150***	−0.0471	−0.575***	−0.189***	−0.127**	0.0984
	(0.109)	(0.0394)	(0.0491)	(0.0983)	(0.115)	(0.0393)	(0.0505)	(0.0997)
学歴ダミー ref. 中卒ダミー 高卒ダミー	0.0111	0.0113	0.0345		0.314	0.130*	0.166*	
	(0.194)	(0.0744)	(0.0886)		(0.203)	(0.0754)	(0.0967)	
高専卒・短大卒ダミー	0.296	0.109	0.159*		0.458**	0.180**	0.197*	
	(0.198)	(0.0760)	(0.0913)		(0.219)	(0.0810)	(0.107)	
大卒・大学院卒ダミー	0.455**	0.163**	0.219**		0.739***	0.277***	0.325***	
	(0.201)	(0.0770)	(0.0924)		(0.204)	(0.0759)	(0.0971)	
子どもの人数ダミー ref. 0人ダミー 1人ダミー	0.0407	0.00987	0.0171	0.0908	0.228**	0.0770**	0.0824*	0.118*
	(0.0848)	(0.0313)	(0.0423)	(0.0719)	(0.0989)	(0.0343)	(0.0428)	(0.0696)
2人ダミー	0.148*	0.0476	0.0225	0.0427	0.327***	0.108***	0.0981**	0.125
	(0.0795)	(0.0294)	(0.0409)	(0.0788)	(0.0914)	(0.0316)	(0.0425)	(0.0862)
3人以上ダミー	0.0997	0.0413	0.00329	−0.00150	0.464***	0.164***	0.115**	−0.0229
	(0.0962)	(0.0351)	(0.0482)	(0.0932)	(0.103)	(0.0358)	(0.0477)	(0.0953)
等価世帯所得	0.178***	0.0663***	0.0420***	0.0147	0.338***	0.109***	0.0764***	0.0451
	(0.0366)	(0.0136)	(0.0156)	(0.0220)	(0.0548)	(0.0182)	(0.0208)	(0.0282)
就業状態ダミー ref. 正規就業ダミー 非正規就業ダミー	−0.0133	−0.00853	0.0148	0.0857**	0.0577	0.00934	−0.0173	−0.0209
	(0.0669)	(0.0248)	(0.0316)	(0.0495)	(0.0956)	(0.0348)	(0.0410)	(0.0622)
無業ダミー	0.199**	0.0754***	0.0750**	0.106*	−0.766***	−0.234***	−0.187***	−0.154**
	(0.0792)	(0.0290)	(0.0366)	(0.0554)	(0.186)	(0.0652)	(0.0563)	(0.0606)
Log likelihood	−10397	−5284		−2369	−10272	−5048		−2481
R2		0.044		0.016		0.088		0.019
R2_within			0.0125	0.0156			0.0135	0.0190
R2_between			0.0574	0.0112			0.115	0.0536
R2_overall			0.0412	0.0125			0.0852	0.0448
Observations	5,289	5,289	5,289	5,289	5,333	5,333	5,333	5,333
Number of ID			1,643	1,643			1,611	1,611

（出典）日本家計パネル調査（Japan Household Panel Survey/Keio Household Panel Survey: JHPS/KHPS）2004-2016を用いて筆者作成

注1）***は1％水準有意，**は5％水準有意，*は10％水準で有意であることを示す．上段は係数，下段の（ ）の中はロバストな標準誤差である．

注2）OLogitは順序ロジットモデル，OLSは最小二乗法，RE OLSは変量効果OLS，FE OLSは固定効果OLSの推定結果であることを示している．上記の説明変数の他，年ダミーを使用している．定数項は紙幅の関係で省略している．

63

齢が高い方が生活満足度は低いことが男女とも確認できるが，固定効果モデルでの推定では有意な結果を得られていないことから，個人の異質性が強く影響していると考えられる．学歴ダミーの結果についてみると，中卒と比べて学歴が高いと生活満足度が高まっていることが確認できる．子どもの人数ダミーの係数をみると，子どもがいる方が生活満足度は高いという結果を得ている．特に，男性の方が有意な結果が多いことから，女性よりも男性の方が，子どもがいることの生活満足度への影響が強いことが確認できる．等価世帯所得の影響をみるとプラスであることから，所得の高い世帯の方が生活満足度は高いことが確認された．最後に，就業状態の結果をみると，男女で大きな違いが見られており，女性は無業と非正規就業でプラス，男性は無業だとマイナスで有意という結果を得ており，正規就業と比べて，女性は無業や非正規就業の方が生活満足度は高く，反対に男性は無業の方が生活満足度は低いことがわかった．

　続いて，図表4.4の韓国の推定結果を確認する．結婚後に関するダミー変数の推定結果で有意なものをみると，プラスで有意なことから，結婚前と比べて結婚後は生活満足度が高いことが確認された．なお，女性では固定効果モデルでの推定では結婚後に関するダミー変数の係数は全て有意でないものの，男性では全て有意という違いが確認されており，女性は個人ごとに結婚後の生活満足度への評価が大きく異なる可能性が示唆される．その他の有意な結果を示す変数の影響についてみると，年齢階層ダミーの結果からは，20代と比べて年齢が高い方が生活満足度は低いことが男女とも確認できる．学歴ダミーの結果についてみると，中卒と比べて学歴が高いと生活満足度が高まっていることが確認できる．子どもの人数ダミーの係数をみると，子どもがいる方が生活満足度は高いという結果を得ている．しかし，男女ともに固定効果モデルの推定結果が全て有意ではないことから，子どもの人数の生活満足度への影響は個人の異質性に強く影響を受けていることが示されている．等価世帯所得の影響をみると，プラスであることから所得の高い世帯の方が生活満足度は高いことが確認された．最後に，就業状態の結果をみると，男女ともに非正規就業や無業だとマイナスで有意という結果を得ており，正規就業と比べて，非正規就業や無業の方が生活満足度は低いことがわかった．

第4章　女性の就業，結婚，出産と生活満足度

図表 **4.4**　結婚後の生活満足度に関する推定結果（韓国）

被説明変数：生活満足度	（K1）	（K2）	（K3）	（K4）	（K5）	（K6）	（K7）	（K8）
分析対象	女性				男性			
分析方法	OLogit	OLS	RE OLS	FE OLS	OLogit	OLS	RE OLS	FE OLS
結婚前後ダミー　ref. 結婚前ダミー								
結婚年ダミー	0.111*	0.0243**	0.0493***	−0.000945	0.661***	0.122***	0.125***	0.130***
	(0.0569)	(0.0114)	(0.0130)	(0.0324)	(0.0447)	(0.00847)	(0.00890)	(0.0137)
結婚1年経過ダミー	0.171***	0.0363***	0.0539***	−0.00646	0.587***	0.111***	0.113***	0.114***
	(0.0568)	(0.0112)	(0.0131)	(0.0336)	(0.0457)	(0.00861)	(0.00922)	(0.0145)
結婚2年経過ダミー	0.205***	0.0432***	0.0629***	−0.00376	0.628***	0.116***	0.114***	0.114***
	(0.0589)	(0.0116)	(0.0133)	(0.0338)	(0.0463)	(0.00853)	(0.00915)	(0.0148)
結婚3年以上経過ダミー	0.308***	0.0655***	0.0682***	−0.0171	0.697***	0.129***	0.123***	0.113***
	(0.0420)	(0.00837)	(0.0115)	(0.0343)	(0.0299)	(0.00562)	(0.00735)	(0.0154)
年齢階層ダミー　ref. 20代ダミー								
30代ダミー	−0.514***	−0.106***	−0.0898***	−0.0525***	−0.599***	−0.113***	−0.0953***	−0.0615***
	(0.0392)	(0.00768)	(0.00909)	(0.0118)	(0.0320)	(0.00601)	(0.00685)	(0.00869)
40代ダミー	−0.772***	−0.156***	−0.137***	−0.0689***	−0.949***	−0.182***	−0.163***	−0.119***
	(0.0409)	(0.00805)	(0.0103)	(0.0168)	(0.0370)	(0.00699)	(0.00834)	(0.0117)
50代ダミー	−0.618***	−0.126***	−0.117***	−0.0293	−0.858***	−0.164***	−0.154***	−0.111***
	(0.0422)	(0.00832)	(0.0111)	(0.0222)	(0.0407)	(0.00767)	(0.00963)	(0.0155)
学歴ダミー　ref. 中卒ダミー								
高卒ダミー	0.0731*	0.00990	0.0213		0.0511	0.00929	0.0193	
	(0.0380)	(0.00768)	(0.0130)		(0.0410)	(0.00788)	(0.0124)	
高専卒・短大卒ダミー	0.147***	0.0253***	0.0404***		0.193***	0.0358***	0.0579***	
	(0.0418)	(0.00840)	(0.0140)		(0.0439)	(0.00841)	(0.0130)	
大卒・大学院卒ダミー	0.431***	0.0803***	0.100***		0.572***	0.106***	0.129***	
	(0.0388)	(0.00779)	(0.0130)		(0.0424)	(0.00809)	(0.0124)	
子どもの人数ダミー　ref. 0人ダミー								
1人ダミー	0.145	0.0260	0.0263	0.0409	0.210*	0.0452**	0.0520	0.0361
	(0.117)	(0.0234)	(0.0325)	(0.0419)	(0.114)	(0.0227)	(0.0319)	(0.0452)
2人ダミー	0.212*	0.0405*	0.0284	0.0199	0.438***	0.0859***	0.0726**	0.0358
	(0.113)	(0.0226)	(0.0325)	(0.0430)	(0.109)	(0.0218)	(0.0312)	(0.0458)
3人以上ダミー	0.188*	0.0358	0.0219	0.00237	0.304***	0.0604***	0.0583*	0.0378
	(0.113)	(0.0226)	(0.0324)	(0.0433)	(0.108)	(0.0216)	(0.0307)	(0.0446)
等価世帯所得	0.848***	0.166***	0.112***	0.0795***	0.879***	0.165***	0.145***	0.127***
	(0.0190)	(0.00359)	(0.00421)	(0.00501)	(0.0213)	(0.00395)	(0.00473)	(0.00636)
就業状態ダミー　ref. 正規就業ダミー								
非正規就業ダミー	−0.377***	−0.0779***	−0.0417***	−0.0123	−0.553***	−0.104***	−0.0601***	−0.0219**
	(0.0387)	(0.00766)	(0.00903)	(0.0106)	(0.0301)	(0.00570)	(0.00710)	(0.00932)
無業ダミー	0.109***	0.0184***	−0.00945	−0.0122*	−0.463***	−0.0919***	−0.0534***	−0.0248**
	(0.0249)	(0.00484)	(0.00592)	(0.00726)	(0.0414)	(0.00791)	(0.00892)	(0.0114)
Log likelihood	−35625	−18657		−9420	−38721	−19602		−9723
R2		0.149		0.054		0.184		0.066
R2_within			0.0517	0.0540			0.0643	0.0659
R2_between			0.211	0.176			0.252	0.221
R2_overall			0.142	0.117			0.181	0.163
Observations	38,196	38,196	38,196	38,196	43,070	43,070	43,070	43,070
Number of ID			6,815	6,815			9,318	9,318

（出典）韓国労働パネル調査（Korean Labor and Income Panel Study: KLIPS）1998–2014 を用いて筆者作成
注1）***は1%水準有意，**は5%水準有意，*は10%水準で有意であることを示す．上段は係数，下段の（　）の中はロバストな標準誤差である．
注2）OLogitは順序ロジットモデル，OLSは最小二乗法，RE OLSは変量効果OLS，FE OLSは固定効果OLSの推定結果であることを示している．上記の説明変数の他，年ダミーを使用している．定数項は紙幅の関係で省略している．

65

図表 4.5　結婚後の生活満足度に関する推定結果（台湾）

被説明変数：生活満足度	(T1)	(T2)	(T3)	(T4)	(T5)	(T6)	(T7)	(T8)
分析対象	女性				男性			
分析方法	OLogit	OLS	RE OLS	FE OLS	OLogit	OLS	RE OLS	FE OLS
結婚前後ダミー ref. 結婚前ダミー 結婚年ダミー	0.685* (0.387)	0.151** (0.0667)	0.147** (0.0665)	−0.0166 (0.161)	0.776** (0.333)	0.146** (0.0692)	0.144** (0.0700)	0.0166 (0.127)
結婚1年経過ダミー	−0.285 (0.318)	−0.0369 (0.0625)	−0.0227 (0.0650)	−0.156 (0.212)	0.583** (0.285)	0.0704 (0.0504)	0.0738 (0.0490)	0.000633 (0.127)
結婚2年経過ダミー	0.542* (0.286)	0.130** (0.0552)	0.108* (0.0581)	−0.115 (0.228)	0.609** (0.270)	0.0911** (0.0548)	0.0928* (0.0534)	−0.0458 (0.152)
結婚3年以上経過ダミー	0.145 (0.232)	0.0473 (0.0513)	0.0503 (0.0557)	−0.114 (0.233)	0.460** (0.246)	0.0634 (0.0555)	0.0635 (0.0530)	−0.105 (0.165)
年齢階層ダミー ref. 20代ダミー 30代ダミー	−0.667** (0.267)	−0.138*** (0.0465)	−0.165*** (0.0525)	−0.249** (0.0882)	−0.175 (0.212)	−0.0289 (0.0326)	−0.0332 (0.0388)	−0.0992 (0.0960)
40代ダミー	−0.773** (0.326)	−0.137** (0.0617)	−0.158** (0.0690)	−0.321** (0.135)	−0.464* (0.254)	−0.0902** (0.0446)	−0.0917** (0.0498)	−0.0215 (0.139)
50代ダミー	−0.766** (0.311)	−0.138** (0.0568)	−0.175*** (0.0626)	−0.324** (0.151)	−0.121 (0.249)	−0.0218 (0.0433)	−0.0237 (0.0470)	0.0733 (0.150)
学歴ダミー ref. 中卒ダミー 高卒ダミー	0.0754 (0.203)	−0.00758 (0.0430)	0.00844 (0.0482)		0.130 (0.149)	0.0208 (0.0303)	0.0211 (0.0301)	
高専卒・短大卒ダミー	−0.130 (0.179)	−0.0436 (0.0391)	−0.0340 (0.0425)		0.0699 (0.149)	0.0109 (0.0305)	0.0115 (0.0299)	
大卒・大学院卒ダミー	−0.0553 (0.245)	−0.0240 (0.0498)	−0.00871 (0.0542)		0.108 (0.186)	0.00751 (0.0355)	0.00887 (0.0372)	
子どもの人数ダミー ref. 0人ダミー 1人ダミー	−0.571** (0.281)	−0.0839 (0.0596)	−0.0825 (0.0634)	−0.223 (0.152)	−0.611** (0.259)	−0.0927* (0.0546)	−0.0939* (0.0527)	−0.260** (0.128)
2人ダミー	−0.219 (0.248)	−0.0350 (0.0486)	−0.0198 (0.0527)	−0.0443 (0.235)	−0.338 (0.257)	−0.0584 (0.0557)	−0.0607 (0.0530)	−0.451*** (0.160)
3人以上ダミー	−0.361 (0.274)	−0.0668 (0.0545)	−0.0632 (0.0603)	−0.209 (0.316)	−0.404 (0.280)	−0.0639 (0.0600)	−0.0655 (0.0560)	−0.268 (0.252)
等価世帯所得	0.396*** (0.0853)	0.0642*** (0.0197)	0.0568*** (0.0212)	−0.0182 (0.0396)	0.521*** (0.0817)	0.0838*** (0.0160)	0.0842*** (0.0164)	0.0637* (0.0325)
就業状態ダミー ref. 正規就業ダミー 非正規就業ダミー	−0.105 (0.380)	0.0179 (0.0806)	−0.00928 (0.100)	−0.0824 (0.161)	0.480* (0.263)	0.111** (0.0474)	0.109** (0.0473)	0.0799 (0.0669)
無業ダミー	0.0154 (0.540)	0.0403 (0.105)	−0.000635 (0.120)	−0.132 (0.184)	−0.744 (0.574)	−0.0896 (0.106)	−0.100 (0.104)	−0.197* (0.116)
Log likelihood	−1142	−709.9		−199.0	−1733	−1086		−543.6
R2		0.605		0.714		0.640		0.699
R2_within			0.709	0.714			0.695	0.699
R2_between			0.394	0.319			0.555	0.407
R2_overall			0.605	0.571			0.604	0.575
Observations	1,261	1,261	1,261	1,261	1,982	1,982	1,982	1,982
Number of ID			574	574			777	777

（出典）家族のダイナミクスに関するパネル調査（Panel Study of Family Dynamics: PSFD）2001-2007 を用いて筆者作成
注1）***は1%水準有意，**は5%水準有意，*は10%水準で有意であることを示す．上段は係数，下段の（ ）の中はロバ
　　ストな標準誤差である．
注2）OLogit は順序ロジットモデル，OLS は最小二乗法，RE OLS は変量効果 OLS，FE OLS は固定効果 OLS の推定結果である
　　ことを示している．上記の説明変数の他，年ダミーを使用している．定数項は紙幅の関係で省略している．

第4章　女性の就業，結婚，出産と生活満足度

　図表4.5の台湾の推定結果からは，結婚後を示すダミー変数の推定結果で有意なものは，プラスであることから，結婚前よりも結婚後の方が生活満足度は高いことが確認された．しかし，男女ともに，固定効果モデルの推定結果は有意な結果を得られていない．その他の有意な結果を示す変数の影響についてみると，年齢階層ダミーの結果をみると，20代と比べて年齢が高い方が生活満足度は低いことが男女とも確認できる．また，男性よりも女性の方が，有意な結果が得られていることから，女性の方が年齢の生活満足度に与える影響は強いことがうかがえる．学歴ダミーの結果についてみると，有意な結果は得られていないことから，学歴と生活満足度の間には有意な関係性は確認できない．子どもの人数ダミーの係数をみると，子どもがいる方が生活満足度は低いという結果を得ている．特に，男性の方が有意な結果が多いことから，女性よりも男性の方が，子どもがいることの生活満足度への影響は強いことが確認できる．等価世帯所得の影響をみると，プラスであることから所得の高い世帯の方が生活満足度は高いことが確認された．最後に，就業状態の結果をみると，女性は有意な結果を得られていないものの，男性では，非正規就業でプラス，無業でマイナスの結果を得ており，正規就業と比べて，男性は非正規就業の方が生活満足度は高く，反対に無業の方が生活満足度は低いことがわかった．

4.4.2　出産後の生活満足度

　図表4.6，図表4.7，図表4.8には，それぞれ日本，韓国，台湾の出産後の生活満足度に関する推定結果を示している．

　図表4.6の日本の推定結果からは，男女とも，出産前よりも出産をした年以降の方が生活満足度は上がっていることを確認できる．しかし，係数の大きさからは，出産をした年以降から係数の値が下がっていることが確認できる．続いて，その他の有意な結果を示す変数の影響についてみていく．年齢階層ダミーの結果をみると，20代と比べて40代の方が生活満足度は低いことが男女とも確認できるが，固定効果OLSでの推定では有意な結果を得られていない．学歴ダミーの結果についてみると，女性では有意な結果を得られていないものの，男性では，中卒と比べて学歴が高いと生活満足度が高

図表**4.6** 出産後の生活満足度に関する推定結果（日本）

被説明変数：生活満足度	(J1)	(J2)	(J3)	(J4)	(J5)	(J6)	(J7)	(J8)
分析対象	女性				男性			
分析方法	OLogit	OLS	RE OLS	FE OLS	OLogit	OLS	RE OLS	FE OLS
出産前後ダミー ref. 出産前ダミー 出産年ダミー	1.757***	0.549***	0.446***	0.364***	1.471***	0.471***	0.403***	0.331***
	(0.267)	(0.0938)	(0.0931)	(0.133)	(0.244)	(0.0858)	(0.0859)	(0.112)
出産1年経過ダミー	0.855***	0.316***	0.252***	0.198*	0.545**	0.180**	0.187***	0.153*
	(0.224)	(0.0819)	(0.0701)	(0.101)	(0.233)	(0.0808)	(0.0692)	(0.0838)
出産2年経過ダミー	0.291	0.132*	0.161**	0.158	0.251	0.102	0.0838	0.0685
	(0.207)	(0.0732)	(0.0710)	(0.107)	(0.194)	(0.0663)	(0.0650)	(0.0874)
出産3年以上経過ダミー	−0.183	−0.0612	0.0109	0.0366	0.282***	0.101***	0.0830*	0.0623
	(0.119)	(0.0439)	(0.0503)	(0.0844)	(0.0993)	(0.0350)	(0.0446)	(0.0694)
年齢階層ダミー ref. 20代ダミー 30代ダミー	−0.247	−0.109	−0.109	−0.0523	−0.341	−0.121	−0.0202	0.108
	(0.208)	(0.0704)	(0.0821)	(0.132)	(0.245)	(0.0805)	(0.100)	(0.147)
40代ダミー	−0.518**	−0.199***	−0.170**	−0.0539	−0.538**	−0.189**	−0.0571	0.162
	(0.215)	(0.0731)	(0.0847)	(0.144)	(0.248)	(0.0813)	(0.0997)	(0.157)
学歴ダミー ref. 中卒ダミー 高卒ダミー	−0.639	−0.168	−0.0692		1.044**	0.365***	0.302	
	(0.411)	(0.162)	(0.233)		(0.413)	(0.120)	(0.186)	
高専卒・短大卒ダミー	−0.265	−0.0326	0.0754		1.112***	0.380***	0.323*	
	(0.412)	(0.163)	(0.235)		(0.427)	(0.125)	(0.195)	
大卒・大学院卒ダミー	−0.0634	0.0462	0.150		1.569***	0.549***	0.494***	
	(0.415)	(0.164)	(0.235)		(0.415)	(0.120)	(0.187)	
子どもの人数ダミー ref. 0人ダミー 1人ダミー	−0.255*	−0.0780	−0.0700	−0.0289	−0.0438	−0.0199	−0.0431	−0.0317
	(0.139)	(0.0533)	(0.0700)	(0.144)	(0.136)	(0.0472)	(0.0600)	(0.117)
2人ダミー	−0.104	−0.0289	−0.0541	−0.125	0.170	0.0469	0.0112	0.0213
	(0.123)	(0.0478)	(0.0643)	(0.162)	(0.126)	(0.0592)	(0.0592)	(0.161)
3人以上ダミー	−0.0289	0.0189	−0.0131	−0.0298	0.300**	0.102**	0.0434	−0.0804
	(0.143)	(0.0544)	(0.0738)	(0.213)	(0.140)	(0.0484)	(0.0686)	(0.227)
等価世帯所得	0.162***	0.0677***	0.0542**	0.0148	0.432***	0.148***	0.107***	0.0483
	(0.0559)	(0.0213)	(0.0236)	(0.0330)	(0.0911)	(0.0312)	(0.0356)	(0.0440)
就業状態ダミー ref. 正規就業ダミー 非正規就業ダミー	0.0622	0.00328	0.0142	0.0520	−0.474**	−0.204***	−0.213***	−0.143
	(0.105)	(0.0386)	(0.0456)	(0.0707)	(0.196)	(0.0651)	(0.0650)	(0.0917)
無業ダミー	0.127	0.0299	0.0260	0.0390	−1.576***	−0.520***	−0.387***	−0.298***
	(0.110)	(0.0407)	(0.0490)	(0.0768)	(0.427)	(0.139)	(0.102)	(0.101)
Log likelihood	−5342	−2747		−1207	−4831	−2419		−1140
R2		0.073		0.033		0.092		0.030
R2_within			0.0286	0.0325			0.0249	0.0300
R2_between			0.0952	0.0339			0.103	0.0229
R2_overall			0.0697	0.0333			0.0890	0.0285
Observations	2,719	2,719	2,719	2,719	2,558	2,558	2,558	2,558
Number of ID			881	881			818	818

（出典）日本家計パネル調査（Japan Household Panel Survey /Keio Household Panel Survey: JHPS/KHPS）2004-2016 を用いて筆者作成

注1）***は1％水準有意，**は5％水準有意，*は10％水準で有意であることを示す．上段は係数，下段の（ ）の中はロバストな標準誤差である．

注2）OLogit は順序ロジットモデル，OLS は最小二乗法，RE OLS は変量効果OLS，FE OLS は固定効果OLS の推定結果であることを示している．上記の説明変数の他，年ダミーを使用している．定数項は紙幅の関係で省略している．

第4章　女性の就業，結婚，出産と生活満足度

図表**4.7**　出産後の生活満足度に関する推定結果（韓国）

被説明変数：生活満足度	(K1)	(K2)	(K3)	(K4)	(K5)	(K6)	(K7)	(K8)
分析対象			女性				男性	
分析方法	OLogit	OLS	RE OLS	FE OLS	OLogit	OLS	RE OLS	FE OLS
出産前後ダミー ref. 出産前ダミー								
出産年ダミー	0.0622	0.0146	0.0133	−0.00891	0.187***	0.0347***	0.0328***	0.0211*
	(0.0689)	(0.0131)	(0.0133)	(0.0162)	(0.0572)	(0.0103)	(0.0103)	(0.0120)
出産1年経過ダミー	−0.0427	−0.00747	−0.0127	−0.0371**	0.0228	0.00485	0.00356	−0.00224
	(0.0713)	(0.0134)	(0.0140)	(0.0173)	(0.0599)	(0.0109)	(0.0108)	(0.0125)
出産2年経過ダミー	0.0487	0.0122	0.00665	−0.0180	0.235***	0.0443***	0.0406***	0.0335**
	(0.0769)	(0.0145)	(0.0149)	(0.0179)	(0.0670)	(0.0118)	(0.0118)	(0.0137)
出産3年以上経過ダミー	0.0354	0.00604	−0.00326	−0.0218	0.126***	0.0229***	0.0192**	0.0191*
	(0.0400)	(0.00756)	(0.00982)	(0.0154)	(0.0388)	(0.00690)	(0.00816)	(0.0108)
年齢階層ダミー ref. 20代ダミー								
30代ダミー	−0.364***	−0.0708***	−0.0595***	−0.0273*	−0.309***	−0.0559***	−0.0498***	−0.0235*
	(0.0487)	(0.00932)	(0.0103)	(0.0142)	(0.0604)	(0.0113)	(0.0118)	(0.0138)
40代ダミー	−0.471***	−0.0918***	−0.0796***	−0.0192	−0.616***	−0.114***	−0.103***	−0.0438***
	(0.0518)	(0.00989)	(0.0115)	(0.0194)	(0.0633)	(0.0118)	(0.0128)	(0.0170)
学歴ダミー ref. 中卒ダミー								
高卒ダミー	0.145***	0.0293***	0.0485***		0.132**	0.0268**	0.0347***	
	(0.0423)	(0.00834)	(0.0121)		(0.0598)	(0.0116)	(0.0168)	
高専卒・短大卒ダミー	0.161***	0.0308***	0.0407***		0.273***	0.0513***	0.0681***	
	(0.0485)	(0.00957)	(0.0140)		(0.0661)	(0.0127)	(0.0183)	
大卒・大学院卒ダミー	0.437***	0.0819***	0.102***		0.491***	0.0923***	0.118***	
	(0.0517)	(0.01000)	(0.0143)		(0.0618)	(0.0119)	(0.0170)	
子どもの人数ダミー ref. 0人ダミー								
1人ダミー	0.170	0.0362	0.0432	0.0525	0.130	0.0281	0.0307	0.0272
	(0.123)	(0.0249)	(0.0359)	(0.0503)	(0.137)	(0.0268)	(0.0362)	(0.0531)
2人ダミー	0.353***	0.0708***	0.0598*	0.0641	0.285**	0.0554**	0.0413	0.0270
	(0.118)	(0.0240)	(0.0354)	(0.0515)	(0.132)	(0.0260)	(0.0357)	(0.0546)
3人以上ダミー	0.290**	0.0571**	0.0522	0.0631	0.247*	0.0481*	0.0459	0.0412
	(0.119)	(0.0241)	(0.0351)	(0.0505)	(0.133)	(0.0260)	(0.0355)	(0.0533)
等価世帯所得	1.184***	0.225***	0.190***	0.157***	1.190***	0.219***	0.206***	0.183***
	(0.0271)	(0.00494)	(0.00604)	(0.00735)	(0.0337)	(0.00611)	(0.00720)	(0.00965)
就業状態ダミー ref. 正規就業ダミー								
非正規就業ダミー	0.0134	0.00118	0.0146	0.0153	−0.640***	−0.121***	−0.0823***	−0.0444***
	(0.0512)	(0.00992)	(0.0107)	(0.0127)	(0.0450)	(0.00865)	(0.0106)	(0.0143)
無業ダミー	0.458***	0.0875***	0.0533***	0.0222**	−0.714***	−0.148***	−0.0879***	−0.0327
	(0.0322)	(0.00609)	(0.00742)	(0.00935)	(0.0831)	(0.0163)	(0.0174)	(0.0210)
Log likelihood	−22922	−11840		−7173	−20233	−10139		−4895
R2		0.166		0.060		0.204		0.054
R2_within		0.0589	0.0601			0.0532	0.0544	−4895
R2_between		0.287	0.277			0.319	0.307	
R2_overall		0.164	0.151			0.203	0.192	
Observations	24,980	24,980	24,980	24,980	22,882	22,882	22,882	22,882
Number of ID			4,325	4,325			5,320	5,320

（出典）韓国労働パネル調査（Korean Labor and Income Panel Study: KLIPS）1998-2014 を用いて筆者作成
注1）*** は1%水準有意，** は5%水準有意，* は10%水準で有意であることを示す。上段は係数，下段の（　）の中はロバストな標準誤差である。
注2）OLogit は順序ロジットモデル，OLS は最小二乗法，RE OLS は変量効果OLS，FE OLS は固定効果OLS の推定結果であることを示している。上記の説明変数の他，年ダミーを使用している。定数項は紙幅の関係で省略している。

69

図表 **4.8**　出産後の生活満足度に関する推定結果（台湾）

被説明変数：生活満足度	(T1)	(T2)	(T3)	(T4)	(T5)	(T6)	(T7)	(T8)
分析対象	女性				男性			
分析方法	OLogit	OLS	RE OLS	FE OLS	OLogit	OLS	RE OLS	FE OLS
出産前後ダミー ref. 出産前ダミー 出産年ダミー	−0.764	−0.106	−0.106	−0.0173	0.298	0.0399	0.0401	0.0342
	(0.559)	(0.0817)	(0.0802)	(0.0629)	(0.344)	(0.0556)	(0.0543)	(0.128)
出産1年経過ダミー	0.0795	0.00693	0.00744	0.272*	−0.357	−0.0707	−0.0711	0.0411
	(0.656)	(0.112)	(0.109)	(0.161)	(0.317)	(0.0562)	(0.0567)	(0.206)
出産2年経過ダミー	1.429***	0.271***	0.273***	0.572**	−0.615**	−0.101*	−0.104*	−0.0279
	(0.443)	(0.0834)	(0.0846)	(0.225)	(0.267)	(0.0562)	(0.0557)	(0.255)
出産3年以上経過ダミー	0.460	0.0687	0.0701	0.324	0.429	0.101	0.101*	0.184
	(0.570)	(0.111)	(0.105)	(0.296)	(0.262)	(0.0656)	(0.0597)	(0.280)
年齢階層ダミー ref. 20代ダミー 30代ダミー	−0.602	−0.0922	−0.0933	−0.179	0.117	0.0107	−0.0200	−0.208**
	(0.375)	(0.0604)	(0.0654)	(0.113)	(0.292)	(0.0447)	(0.0487)	(0.0934)
40代ダミー	−0.286	0.00881	0.00726	−0.176	0.0350	−0.00816	−0.0278	−0.0730
	(0.447)	(0.0888)	(0.0932)	(0.166)	(0.351)	(0.0617)	(0.0662)	(0.152)
学歴ダミー ref. 中卒ダミー 高卒ダミー	0.00829	−0.0392	−0.0380		−0.0106	0.0200	0.0158	
	(0.403)	(0.0798)	(0.0696)		(0.224)	(0.0454)	(0.0428)	
高専卒・短大卒ダミー	−0.108	−0.0510	−0.0499		−0.0980	0.00504	0.00238	
	(0.412)	(0.0822)	(0.0721)		(0.256)	(0.0515)	(0.0501)	
大卒・大学院卒ダミー	0.388	0.0523	0.0538		−0.0146	0.0193	0.0186	
	(0.469)	(0.0938)	(0.0830)		(0.324)	(0.0653)	(0.0665)	
子どもの人数ダミー ref. 0人ダミー 1人ダミー	−0.497	−0.0736	−0.0765	−0.662***	−0.235	−0.0440	−0.0431	−0.261
	(0.368)	(0.0674)	(0.0651)	(0.218)	(0.337)	(0.0652)	(0.0574)	(0.164)
2人ダミー	−0.207	−0.0271	−0.0281	−0.336	−0.214	−0.0384	−0.0420	−0.510**
	(0.295)	(0.0553)	(0.0572)	(0.306)	(0.330)	(0.0627)	(0.0558)	(0.241)
3人以上ダミー	−0.361	−0.0851	−0.0867	−1.690***	−0.301	−0.0278	−0.0248	−0.412
	(0.378)	(0.0711)	(0.0742)	(0.343)	(0.384)	(0.0739)	(0.0654)	(0.348)
等価世帯所得	0.271*	0.0224	0.0217	−0.0115	0.626***	0.102***	0.110***	0.0234
	(0.163)	(0.0345)	(0.0347)	(0.105)	(0.170)	(0.0357)	(0.0377)	(0.116)
就業状態ダミー ref. 正規就業ダミー 非正規就業ダミー	0.199	0.0830	0.0809	−0.0796	0.385	0.107	0.111	0.133
	(0.763)	(0.139)	(0.145)	(0.233)	(0.506)	(0.0869)	(0.0852)	(0.117)
無業ダミー	−0.412	0.0760	0.0777	0.176	1.140	0.214	0.191	−0.0393
	(1.452)	(0.240)	(0.244)	(0.379)	(1.241)	(0.190)	(0.174)	(0.192)
Log likelihood	−412.5	−238.7		−31.82	−724.9	−457.4		−130.3
R2		0.691		0.776		0.672		0.757
R2_within			0.762	0.776			0.749	0.757
R2_between			0.557	0.134			0.571	0.410
R2_overall			0.691	0.340			0.672	0.606
Observations	496	496	496	496	832	832	832	832
Number of ID			266	266			420	420

（出典）家族のダイナミクスに関するパネル調査（Panel Study of Family Dynamics: PSFD）2001-2007 を用いて筆者作成
注1）*** は1％水準有意，** は5％水準有意，* は10％水準で有意であることを示す．上段は係数，下段の（　）の中はロバストな標準誤差である．
注2）OLogit は順序ロジットモデル，OLS は最小二乗法，RE OLS は変量効果OLS，FE OLS は固定効果OLS の推定結果であることを示している．上記の説明変数の他，年ダミーを使用している．定数項は紙幅の関係で省略している．

まっていることが確認できる．子どもの人数ダミーの係数をみると，ほとんど有意な結果を得られていないものの，女性は（K1）でマイナス，男性は（K5）と（K6）でプラスの結果を得ている．等価世帯所得の影響をみると，プラスであることから所得の高い世帯の方が生活満足度は高いことが確認された．最後に，就業状態の結果をみると，男女で大きな違いがみられており，女性は有意な結果を得ていないものの，男性は無業と非正規就業の両方で，マイナスで有意という結果を得ており，正規就業と比べて，男性は無業や非正規就業の方が生活満足度は低いことがわかった．

　続いて，図表4.7の韓国の推定結果を確認する．出産後に関するダミー変数の推定結果で有意なものをみると，女性は（K4）の1ケースのみマイナスで有意，男性ではプラスで有意な結果を得ている．男性の場合，出産前と比べて出産後は生活満足度が高いことが確認されたものの，係数の大きさをみると生活満足度が上下していることが確認できる．その他の有意な結果を示す変数の影響についてみると，年齢階層ダミーの結果からは，20代と比べて年齢が高い方が生活満足度は低いことが男女とも確認できる．学歴ダミーの結果についてみると，中卒と比べて学歴が高いと生活満足度が高まっていることが確認できる．子どもの人数ダミーの係数をみると，子どもがいる方が生活満足度は高いという結果を得ている．しかし，男女ともに固定効果OLSの推定結果が全て有意ではないことから，子どもの人数の生活満足度への影響は個人の異質性に強く影響を受けていることが示されている．等価世帯所得の影響をみると，プラスであることから所得の高い世帯の方が生活満足度は高いことが確認された．最後に，就業状態の結果をみると，男女で異なる結果を得られており，女性では無業ダミーがプラス，男性では非正規就業ダミーと無業ダミーがマイナスで有意という結果を得ている．正規就業と比べて，女性は，無業の方が生活満足度は高く，男性は非正規就業や無業の方が生活満足度は低いことがわかった．

　図表4.8の台湾の推定結果からは，出産後を示すダミー変数の推定結果で有意なものは，女性ではプラス，男性では（T5）から（T7）の出産2年経過ダミーがマイナス，（T7）の出産3年以上経過ダミーがプラスであることから，出産前よりも出産後の方が，女性では生活満足度は高く，男性では生活

満足度は出産後2年目では低いものの出産3年目では高いことが確認された．しかし，男性の場合，固定効果OLSの推定結果は有意な結果を得られていないため，個人の異質性が強く影響している可能性がある．その他の有意な結果を示す変数の影響についてみると，年齢階層ダミーにおいて，女性では有意な結果を得られていないが，男性では（T8）の30代ダミーの係数がマイナスで有意な結果を得ている．男性の場合，20代と比べて30代の方が生活満足度は低い．学歴ダミーの結果についてみると，男女ともに有意な結果は得られていないことから，学歴と生活満足度の間には有意な関係性は確認できない．子どもの人数ダミーの係数をみると，子どもがいる方が生活満足度は低いという結果を得ている．等価世帯所得の影響をみると，プラスであることから所得の高い世帯の方が生活満足度は高いことが確認された．最後に，就業状態の結果をみると，男女ともに有意な結果を得られていないことから，就業状態は生活満足度に影響を与えていないことがわかった．

4.5　結論

　本章では，就業，結婚，出産が男女の主観的厚生に与える影響について，生活満足度を主観的厚生変数として利用することで検証した．

　分析の結果，日本と韓国では，女性は正規就業よりも無業の方が，生活満足度が高いことがわかった．これは，専業主婦を望む女性が多いことを示しており，日本や韓国の女性の専業主婦思考が日本や韓国では強く残っていると考えられる．

　日本と韓国の違いとして，女性は正規就業よりも無業の方が，生活満足度は高いという結果が，異なるサンプルで確認されたことが挙げられる．日本では，結婚前後のサンプルを用いた分析で得られたのに対し，韓国では，出産前後のサンプルを用いた分析で得られた．なお，韓国の結婚前後のサンプルを用いた分析からは，無業の方が正規就業，非正規就業と比べて生活満足度が低いことが確認されており，無業でいるよりも就業するほうが選ばれやすいことがうかがえる．日本では，出産前後のサンプルを用いた分析の場合は就業状態による有意な差はないという結果を得ている．これらの結果を包括すると，日本の場合，結婚前後において，女性は無業でいることで高い生

活満足度を得ていたが，出産をすると，無業でいるメリットがなくなることがわかった．一方，韓国の場合，結婚前後において，無業だと生活満足度が低く，無業でいるメリットがなかったものの，出産をすると，無業のほうが生活満足度は高いことがわかった．これらの違いが生じた背景には，結婚・出産後の就業環境が影響していると考察する．例えば日本の場合，配偶者控除などの，女性の就業を抑制するとされる制度があるなど，無業を促す法制度が原因で，このような分析結果を得たと考える．

　台湾は，日本と韓国と異なり，就業状態による生活満足度の有意な差がみられなかった．この結果は，結婚前後のサンプルと出産前後のサンプルを用いた両方の分析で得られており，就業状態は生活満足度に影響を及ぼしていないことがわかった．

　これらの分析結果から，日本と韓国の女性は無業の方が生活満足度は高いという結果を得ていることから，台湾の女性と比べて，無業を選択しやすいと考えられる．このような，選択の違いが第1章で確認したM字カーブの深さに影響しているものと考えられる．結婚・出産後の女性の就業を促進するためには，日本と韓国で就業意欲を高めていく必要がある．

第5章

まとめと今後の課題

　本書では，第1章で，日本，韓国，台湾について，集計データを用いて，女性の就業，結婚，出産の現状と法制度を確認した．第2章では，日本，韓国，台湾の家計パネル調査の個票データを用いて，結婚・出産後の就業状況を比較した．第3章では，夫婦の学歴差と妻の就業状況に関して分析を行った．第4章では，就業，結婚，出産が男女の生活満足度に与える影響について分析を行った．各章の概要は以下のとおりである．

　第1章では，日本，韓国，台湾では，法制度・政策が充実してきているにもかかわらず，仕事と家庭の両立をはかることが難しい状態のままであることを，集計データを用いることによって確認した．女性の社会進出に伴い，労働市場では男性に合わせた働き方から女性にも働きやすい働き方へと，環境の整備が進みつつある．このような変化に伴い，人々の就業，結婚，出産の行動や価値観の変化も生じている．

　第2章以降では，同一の家計・個人を長年にわたって追跡調査して得られたパネルデータ（慶應義塾大学パネルデータ設計・解析センターの「日本家計パネル調査（Japan Household Panel Survey/Keio Household Panel Survey: JHPS/KHPS）」，韓国労働研究院（Korea Labor Institute）の「韓国労働パネル調査（Korean Labor and Income Panel Study: KLIPS）」，台湾中央研究院（Academia Sinica）の人文社会科学研究センター（Research Center for Humanities and Social Sciences）の「家族のダイナミクスに関するパネル調査（Panel Study of Family Dynamics: PSFD）」を用いて，他の要因をコントロールしたうえで，人々の就業，結婚，出産の行動や価値観についてどのような違いが，2000年代の3カ国にみられるかを確認した．

　第2章では，日本，韓国，台湾の家計パネル調査を用いて，結婚・出産後

75

の女性の就業状況を比較したところ，日本と韓国では，結婚・出産前と比較して，結婚・出産後に女性の就業確率は低下していることが確認された．しかし，台湾ではそのような結果は得られておらず，第1章で女性の労働参加率が，台湾と比べると日本と韓国ではM字型をしていたことと一致する結果を得られた．また，子どもの人数の影響をみると，日本，韓国，台湾では子どもがいる方が就業確率は低いという結果を得ている．この解釈の一つとしては，子育て負担が重いために働きに出ることが難しいためであると考えられる．これには，子育て負担を軽減する政策が有効とみられる．第1章で確認したとおり，各国とも法制度・政策は充実してきている．子育て支援の量的側面の充実ははかられているものの，実際は利用上の障害があるなど（たとえば，利用資格はあっても，職場の雰囲気で利用を控えてしまうなど），法制度・政策が形骸化していることが懸念される．今後は，利用資格の拡大のみならず，有資格者の利用の増加を視野に政策を実施していくことが必要であると考える．

　第3章では，夫婦の学歴差と妻の就業状況に関して分析を行った．近年における日本，韓国，台湾の劇的な変化として，女性の高等教育機関への進学率の上昇が挙げられる．このことが男女のパワーバランスにも影響し，これまでの性別役割分業が成立しなくなる可能性があり，女性の社会進出をさらに後押しすることになると考えられる．そこで，日本のJHPS/KHPS，韓国のKLIPS，台湾のPSFDを用いて，夫婦の学歴と妻の就業状況について確認した．分析の結果，日本は，韓国，台湾と比べて，妻の学歴が夫の学歴よりも高い夫婦が少ないことが確認された．また，妻の学歴が夫の学歴よりも低い場合には，妻は就業をしなくなる傾向にあることが確認された．妻の学歴が夫の学歴よりも低い場合に，妻が就業しなくなる傾向は，韓国でも確認されたため，韓国は日本と同様，性別役割分業意識がまだ残っていることがうかがえる．一方，台湾では有意な差があることは確認できなかった．このような結果が得られた背景には，女性が働きにくい環境が影響している．女性は，たとえ高等教育を受けたとしても，それを有効活用することができなければ，教育を受ける必要はないと考え，進学を断念するであろう．男女の教育格差は所得格差につながり，そのことは，性別役割分業と密接に関係してい

る可能性が示唆されているものとみられる.

　第4章では，日本，韓国，台湾の男女について生活満足度を比較し，就業，結婚，出産の価値観の違いを分析した．分析結果からは，日本と韓国の女性は無業でいることが生活満足度を高めているという結果を得ていることから，台湾の女性と比べて，無業を選択しやすいと考えられる．このような違いが第1章で確認したM字カーブの深さに影響しているものと考えられる．結婚・出産後の女性の就業を促進するためには，就業のモチベーションを日本と韓国で高めていく必要がある.

　このように女性の就業，結婚，出産の決定要因は日本，韓国，台湾で共通する点もあれば，異なる点もあることが確認できた．本研究では，個人の異質性や行動の変化を考慮することが可能なパネルデータを用いて，結婚・出産後の女性の就業状況や生活満足度の変化，夫婦の学歴差と妻の就業状況に着目して分析を行ってきた．しかし，パネルデータを利用した国際比較研究はまだ少なく，研究の蓄積が待たれている状況である．日本，韓国，台湾のパネルデータを用いた比較研究をさらに進めていくことが，東アジアの少子化問題の解消と，仕事と家庭の両立促進につながることを期待しつつ，今後研究を深めていきたい.

参考文献

【日本語文献】

伊藤正一（2012）「台湾の少子化と政策対応」『人口問題研究』Vol. 68-3, pp. 50-65.

岩井紀子・保田時男（2009）『データで見る東アジアの家族観―東アジア社会調査による日韓中台の比較』ナカニシヤ出版

上村泰裕（2006）「台湾の労使関係と社会政策」，宇佐美・牧野編『新興工業国における雇用と社会政策：資料編』アジア経済研究所調査研究報告書，pp. 131-150.

大沢真知子・金明中（2014）「韓国の積極的雇用改善措置制度の導入とその効果及び日本へのインプリケーション」RIETI Discussion Paper Series14-J-030

大垣昌夫・田中沙織（2014）『行動経済学―伝統的経済学との統合による新しい経済学を目指して』，有斐閣.

小塩隆士（2014）『「幸せ」の決まり方―主観的厚生の経済学』，日本経済新聞出版社.

可部繁三郎（2013）「台湾の少子化と子育て支援環境」『人口学研究』Vol. 49, pp. 47-62.

可部繁三郎（2015）「台湾における少子化と政策対応」『季刊家計経済研究』No. 108, pp. 49-59.

金明中（2014）「韓国における女性の労働市場参加の現状と政府対策」『日本労働研究雑誌』No. 643, pp. 92-104.

国立社会保障・人口問題研究所（2012a）『第14回出生動向基本調査Ⅰ：わが国夫婦の結婚過程と出生力』調査研究報告資料第29号.

四方理人（2013）「家族・就労の変化と所得格差：本人年齢別所得格差の寄与度分解」『季刊社会保障研究』第49巻第3号，pp. 326-338.

四方理人（2015）「所得格差の研究動向：所得格差と人口高齢化を中心として（特集格差研究の展望：所得／住宅と健康／格差・貧困感）」『貧困研究』第14巻，pp. 47-63.

四方理人・馬欣欣（2006）「90年代の両立支援策は有配偶女性の就業を促進したのか」樋口美雄・慶應義塾大学経商連携21世紀COE編『日本の家計行動のダイナミズム［Ⅱ］―税制改正と家計の対応』慶應義塾大学出版会.

志田基与師・盛山和夫・渡辺秀樹（2000）「結婚市場の変容」盛山和夫編『日本の階層システム4ジェンダー・市場・家族』東京大学出版会，pp. 159-176.

白石小百合・白石賢（2010）「ワーク・ライフ・バランスと女性の幸福度」，大竹文雄・白石小百合・筒井義郎（編）『日本の幸福度―格差・労働・家族』，日本評論社，pp. 75-102.

白波瀬佐和子（2005）『少子高齢社会のみえない格差―ジェンダー・世代・階層のゆくえ』東京大学出版会.

白波瀬佐和子（2011）「少子化社会の階層構造：階層結合としての結婚に着目して」石田浩・近藤博之・中尾啓子（編）『現代の階層社会2階層と移動の構造』東京大

学出版会，pp.317-333.

鈴木透（1991）「日本の通婚圏（2）社会的通婚圏」『人口問題研究』第46巻第4号，pp.
14-31.

鈴木透・管桂太（2011）「東アジアの低出生力国の主要人口学的指標の時系列データ」
『人口問題研究』第67巻第1号，pp. 88-97.

（独法）労働政策研究・研修機構（2014）「第11回北東アジア労働フォーラム報告書
女性雇用の現状と政策課題」JILPT海外労働情報14-02.

橘木俊詔（2013）『『幸せ』の経済学』岩波書店.

田宮遊子・四方理人（2007）「母子世帯の仕事と育児—生活時間の国際比較から」，『季
刊社会保障研究』，第43巻，第3号，pp. 219-231.

永瀬伸子（2012）「第1子出産をはさんだ就業継続，出産タイミングと夫婦の家事分担
—北京・ソウルと日本の比較—」『人口問題研究』Vol. 68-3, pp.66-84.

萩原里紗（2012）「結婚・出産前後の女性の生活満足度・幸福度の変化—「消費生活に
関するパネル調査」を使用した実証分析」，『三田商学研究』，第55巻，第3号，
pp. 19-35.

樋口美雄・坂本和靖・萩原里紗（2016）「女性の結婚・出産・就業の制約要因と諸対策
の効果検証—家計パネル調査によるワーク・ライフ・バランス分析—」『三田商
学研究』，第58巻第6号，pp. 29-57.

福田節也・余田翔平・茂木良平（2017）「日本における学歴同類婚の趨勢—1980年から
2010年国勢調査個票データを用いた分析」No. 14, pp. 1-22.

三輪哲（2007a）「日本における学歴同類婚趨勢の再検討」『家族形成の実証研究』，SSJ
データアーカイブ リサーチペーパーシリーズ37号，pp. 81-94.

三輪哲（2007b）「日本と韓国における階層同類婚の変動」『社会学研究』81号，pp. 67-92.

山口一男（2009）『ワーク・ライフ・バランス—実証と政策提言』，日本経済新聞出版
社.

吉田崇（2011）「階層同類婚の趨勢分析」佐藤嘉倫（編）『現代日本の階層状況の解明：
ミクロ-マクロ連結からのアプローチ2　教育・ジェンダー・結婚』科学研究費
補助金研究成果報告書，pp. 263-276.

李在興（2003）「韓国における女性雇用政策の現状と問題」労働政策研究・研修機構
http://www.jil.go.jp/institute/kokusai/documents/li.pdf

【英語文献】

Becker, G. S.（1960）"An Economic Analysis of Fertility," in Coale, A. ed. *Demographic and
Economic Change in Developed Countries*, Princeton, N.J: Princeton University Press,
pp. 209-240.

Blossfeld, H-P. and A. Timm.（2003）*Who Marries Whom: Educational Systems as Marriage
Markets in Modern Societies*. Kluwer.

Booth, A., and Coles, M. (2010) Education, matching, and the allocative value of romance. *Journal of the European Economic Association*, 8(4), pp. 744-775.

Breen, R. and J. O. Jonsson. (2005) "Inequality of Opportunity in Comparative Perspective: Recent Research on Educational Attainment and Social Mobility," *Annual Review of Sociology*, Vol. 31, pp. 223-243.

Brinton, M. C. (2001) "Married Women's Labor in East Asian Economies," in *Women's Working Lives in East Asia*, edited by M. C. Brinton. Stanford, CA: Stanford University Press, pp. 1-37.

Brinton, M. C., Y. J. Lee, and W. L. Parish. (1995) "Married Women's Employment in Rapidly Industrializing Societies: Examples From East Asia," *American Journal of Sociology*, Vol. 100, pp. 1099-130.

Bruze, G., Svarer, M., and Weiss, Y. (2014) The dynamics of marriage and divorce. *Journal of Labor Economics*, 33(1), pp. 123-170.

Cancian, M., and D. Reed. (1999) "The Impact of Wives Earnings on Income Inequality: Issues and Estimates," *Demography*, Vol. 36, No. 2, pp. 173-184.

Chen, C-N. and P. L-C. Liu. (2007) "Is Taiwan's Lowest-Low Fertility Reversible via Socioeconomic Development?," *Journal of Population Studies*, No. 34, June.

Chuang, C-H., P-J. Chang, Y-C. Chen, W-S. H, B-S. Hurng, S-J. Lin and P-C. Chen. (2010) "Maternal Return to Work and Breastfeeding: A Population-based Cohort Study," *International Journal of Nursing Studies*, 47:, pp. 461-474.

Clark, A. E, E. Diener, Y. Georgellis, and R. E. Lucas. (2008) "Lags and Leads in Life Satisfaction: A Test of the Baseline Hypothesis," *The Economic Journal*, Vol. 118, No. 529, pp. F222-F243.

Connelly, R. (1992) "The Effect of Child Care Costs on Married Women's Labor Force Participation," *Review of Economics and Statistics*, Vol. 74, No. 1, pp. 83-90.

Easterlin, R. A. (1974) "Does Economic Growth Improve the Human Lot? Some Empirical Evidence," In Paul A. David; Melvin W. Reder., *Nations and households in economic growth*: *Essays in Honor of Moses Abramovitz*, New York: Academic Press, Inc., pp. 89-125.

Human Lot? Some Empirical Evidence" (PDF). Nations and Households in Economic Growth

Engelhardt, H. T., T. Kögel., and A. Prskawetz. (2004) "Fertility and Women's Employment Reconsidered: A Macro-level Time-series Analysis for Developed Countries, 1900-2000" *Population Studies*, Vol. 58, pp. 109-120.

Fernández, R., and R. Rogerson. (2001) "Sorting and Long-Run Inequality," *Quarterly Journal of Economics*, Vo. 116, No. 4, pp. 1305-41.

Forse, M. and L. Chauvel. (1995) "Evolution of homogamy in France: A Method to Compare Diagonal Characteristics of Several Tables." *Revue Francaise de Sociologie*, 36: pp.

123-142.

Frey, B. S.（2008）*Happiness: A Revolution in Economics*: MIT Press（白石小百合（訳）『幸福度をはかる経済学』NTT 出版，2012）.

Frey, B. S. and A. Stutzer（2001）Happiness and Economics: How the Economy and Institutions Affect Human Well-Being: Princeton University Press.

Guven, C., C. Senik, and H. Stichnoth（2012）"You Can't be Happier than Your Wife. Happiness Gaps and Divorce," *Journal of Economic Behavior & Organization*, Vol. 82, No. 1, pp. 110-130.

Greenwood, J., N. Guner, G. Kocharkov, and C. Santos（2014）"Marry Your Like: Assortative Mating and Income Inequality," *American Economic Review*, Vol. 104, No. 5, pp. 348-353.

Haan, P. and K. Wrohlich.（2011）"Can Child Care Policy Encourage Employment and Fertility? Evidence from a Structural Model," *Labour Economics*, Vol. 18, pp. 498-512.

Halpin, B. and T. W. Chan.（2003）"Educational Homogamy in Ireland and Britain: Trends and Patterns," *British Journal of Sociology*, 54: pp. 473-495.

Huang, Jr-Tsung.（2002）"Personal Tax Exemption: The Effect on Fertility in Taiwan," *The Developing Economies*, 40(1): pp. 32-48.

Jones, F. L.（1987）"Marriage Patterns and the Stratification System: Trends in Educational Homogamy Since 1930s," *Australian and New Zealand Journal of Sociology*, 23: pp. 185-198.

Kalmijn, M.（1991）"Status Homogamy in the United States," *American Journal of Sociology* 97: pp. 496-523.

Keng, Shao-Hsun and Sheng-Jang Sheu.（2011）"Can Education Subsidy Reverse Falling Fertility? The Case of Taiwan," *Journal of Development Studies*, 47(11): pp. 1677-1698.

Kögel, T.（2004）"Did the Association between Fertility and Female Employment within OECD Countries Really Change its Sign," *Journal of Population Economics*, Vol. 17, pp. 45-65.

Lafortune, J.（2013）Making yourself attractive: Pre-marital investments and the returns to education in the marriage market. *American Economic Journal: Applied Economics*, 5(2), pp. 151-178.

Lucas, R. E., A. E. Clark, Y. Georgellis, and E. Diener.（2003）"Reexamining Adaptation and the Set Point Model of Happiness: Reactions to Changes in Marital Status," *Journal of Personality and Social Psychology*, Vol. 84, No. 3, pp. 527-539.

Mare, R. D.（1991）"Five Decades of Educational Assortative Mating," *American Sociological Review*, 56: pp. 15-32.

Miwa, Satoshi（2005）"Educational Homogamy in Contemporary Japan," *Social Science Japan*, 33, 9-11.

Miwa, Satoshi（2007）"Long-term Trends in Status Homogamy," In Sato, Yoshimichi（Ed.）, Deciphering Stratification and Inequality: Japan and Beyond（pp. 140–160）. Trans Pacific Press.

Narayan, P. K.（2006）"Determinants of Female Fertilityin Taiwan, 1966–2001: Empirical Evidence from Cointegration and Variance Decomposition Analysis," *Asian Economic Journal*, Vol. 20, No. 4, pp. 393–407.

Park, H. and J. Smits.（2005）"Educational Assortative Mating in South Korea: Trends 1930–1998," *Research in Social Stratification and Mobility*, 23: pp. 103–127.

Raftery, A. E.（1995）"Bayesian Model Selection in Social Science," *Sociological Methodology*, 25: pp. 111–163.

Raymo, J. M. and Y. Xie.（2000）"Temporal and Regional Variation in the Strength of Educational Homogamy." *American Sociological Review*, 65: pp. 773–781.

Ribar, D. C.（1992）"Child Care and the Labor Supply of Married Women: Reduced Form Evidence," *Journal of Human Resources*, Vol. 27, No. 1, pp. 134–165.

Schwartz, C. R. and R. D. Mare.（2005）"Trends in Educational Assortative Marriage from 1940 to 2003," *Demography*, Vol. 42, No. 4, pp. 621–646.

Smits, J.（2003）"Social Closure among the Higher Educated: Trends in Educational Homogamy in 55 Countries," *Social Science Research*, 32（2）, pp. 251–277.

Smits, J., and H. Park.（2009）"Five Decades of Educational Assortative Mating in 10 East Asian Societies," Social Forces, 88（1）, 227–255.

Smits, J., W. Ultee. and J. Lammers.（1998）"Educational Homogamy in 65 Countries: An Explanation of Differences in Openness Using Country–Level Explanatory Variables," *American Sociological Review*, 63（2）, pp. 264–285.

Stiglitz, J. E., A. Sen., and J–P. Fitoussi（2010）*Mis-measuring Our Lives: Why GDP Doesn't Add Up. Mis-measuring Our Lives: Why GDP Doesn't Add Up*, The Report by the Commission on the Measurement of Economic Performance and Social Progress: The New Press.（福島清彦（訳）『暮らしの質を測る―経済成長率を超える幸福度指標の提案』きんざい，2012）.

Ultee, W. and R. Luijkx.（1990）"Educational Heterogamy and Father to Son Occupational Mobility in 23 Industrial Nations: General Societal Openness or Compensatory Strategies of Reproduction ?" *European Sociological Review*, 6（2）, pp. 125–149.

Viitanen, T. J.（2005）"Cost of Childcare and Female Employ in the UK," *Labour*, Vol. 19, pp. 149–170.

Voena, A.（2015）"Yours, Mine, and Ours: Do Divorce Laws Affect the Intertemporal Behavior of Married Couples?" *The American Economic Review*, 105（8）, pp. 2295–2332.

Xie, Y.（1992）"The Log-Multiplicative Layer Effect Model for Comparing Mobility Tables," *American Sociological Review*, 57: pp. 380–395.

Yamaguchi, K. and Y. Youm. (2012) "The Determinants of Low Marital Fertility in Korea: A Comparison with Japan," *RIETI Discussion Paper Series*, 12-E-013, pp. 1-21.

Yu, W-H. (2001) "Family Demands, Gender Attitudes, and Married Women's Labor Force Participation: Comparison Between Japan and Taiwan," in *Women's Working Lives in East Asia*, edited by M.C. Brinton. Stanford, CA: Stanford University Press, pp. 70-95.

Yu, W-H. (2009) *Gendered Trajectories: Women, Work, and Social Change in Japan and Taiwan*, Stanford, CA: Stanford University Press.

Yu, W-H. (2005) "Changes in Women's Postmarital Employment in Japan and Taiwan," *Demography*, Vol. 42, No. 4, pp. 693-717.

Zimmermann, A. C. and R. A. Easterlin (2006) "Happily Ever After? Cohabitation, Marriage, Divorce, and Happiness in Germany," *Population and Development Review*, Vol. 32, No. 3, pp. 511-528.

著者紹介

萩原里紗

2008 年	明治大学商学部商学科卒業
2010 年	明治大学大学院商学研究科博士前期課程修了
2013 年	慶應義塾大学商学部助教
2015 年	慶應義塾大学大学院商学研究科後期博士課程 単位取得退学
2016 年	慶應義塾大学大学院商学研究科後期博士課程 博士号（商学）取得（課程博士）
現在	明海大学経済学部講師
	元・三菱経済研究所研究員

女性の就業、結婚、出産に関する 行動、価値観の国際比較
─日本、韓国、台湾のパネルデータを用いた実証分析─

2018 年 3 月 27 日　発行

定価　本体 1,500 円＋税

著　者　　萩　原　里　紗

発 行 所　　公益財団法人　三菱経済研究所
　　　　　　東 京 都 文 京 区 湯 島 4-10-14
　　　　　　〒 113-0034 電話 (03)5802-8670

印 刷 所　　株式会社　国　際　文　献　社
　　　　　　東 京 都 新 宿 区 高 田 馬 場 3-8-8
　　　　　　〒 169-0075 電話 (03)3362-9741 〜 4

ISBN 978-4-943852-64-3